变革

CHANGE

如何将不确定性转化为机遇

[美] 柯蒂斯·贝特曼（Curtis Bateman）
玛琪·普莱谢特（Marché Pleshette）
安迪·辛德里奇（Andy Cindrich）
克里斯蒂·菲利普斯（Christi Phillips） 著

中国青年出版社

图书在版编目（CIP）数据

变革：如何将不确定性转化为机遇 / (美) 柯蒂斯·贝特曼等著；张玉然译. -- 北京：中国青年出版社，2024. 7. -- ISBN 978-7-5153-7332-4

Ⅰ. F272.91

中国国家版本馆CIP数据核字第2024UC6060号

变革：如何将不确定性转化为机遇

作　　者：[美] 柯蒂斯·贝特曼　玛琪·普莱谢特　安迪·辛德里奇　克里斯蒂·菲利普斯
译　　者：张玉然
责任编辑：肖　佳
文字编辑：吴梦书
美术编辑：杜雨萃
出　　版：中国青年出版社
发　　行：北京中青文文化传媒有限公司
电　　话：010-65511272 / 65516873
公司网址：www.cyb.com.cn
购书网址：zqwts.tmall.com
印　　刷：大厂回族自治县益利印刷有限公司
版　　次：2024年7月第1版
印　　次：2024年7月第1次印刷
开　　本：880mm × 1230mm　1/32
字　　数：162千字
印　　张：7.75
京权图字：01-2023-1829
书　　号：ISBN 978-7-5153-7332-4
定　　价：59.90元

目　录 Contents

序　言 Foreword

刚参加工作时，我是一名推销员。当时机缘巧合，在办公室隔壁的会议室里，我无意间听到了本书的合著者之一安迪·辛德里奇（Andy Cindrich）讲授的一节战略执行课。他说：

领导者们常常会遇到这样一个问题：他们花费了数月的时间思考一项战略决策，然后才将这个秘密透露给核心领导团队以外的人员。他们查看数据，翻阅资料，反复评估风险和收益，并最终有了足够的信心愿意为此豪赌一把。

接着，他们把团队或者全公司的人员召集到一起，宣布这项改革措施。发言时他们激情澎湃，神采飞扬，甚至还可能在现场取得了非常好的宣传效果。宣传结束之后他们心想：万事俱备，只欠东风！

然后，他们如同乘上一架飞机一般“飞往”下一次会议。当飞机以每小时600英里的速度到达巡航高度时，他们向窗外望去。此时他们简直无法相信地面上的人行动怎么会如此缓慢。这位领导者刚一落地，就立即连珠炮似地发邮件质问：“这项改革关乎公司全新的发展方向——你们这是怎么回事？”

这位领导者没有意识到，地面上的人员和那架飞机其实是被拴在一起的，而且他们也是在以每小时600英里的速度向前移动。他们相互碰撞着，努力调整着自己以适应新的速度，并且在旧有的习惯和新的需求之间竭力寻找着平衡。而这是极不容易做到的事！

正如安迪所讲的，你可以制定出在纸上看似完美的战略，但你迟早要面对的是那些实施这项变革的、现实世界里的人的反应和情绪。

20年后，在我担任富兰克林柯维公司总裁期间，这种现象同样出现在我们组织内部。当时我们所面临的变革源自一项前瞻性决策：彻底推翻旧有商业模式，并且进行大规模数字化转型。当时我们公司的经营状况还算不错，而且实际上是公司长久以来发展最好的一段时期。但是公司时任首席执行官鲍勃·惠特曼（Bob Whitman）却认为，向数字优先订阅模式转型，将有助于我们更好地服务客户。而且，如果事实证明这一决定是对的，那么它将会为我们的客户和公司，包括我们的员工，带来更多的利益。

我当时的任务是与一部分销售员和客户共同对新的模型进行测试。测试结果很快证明这个想法是可行的。但作为一家上市公司，转变商业模式绝非一项轻而易举的决策。我们几乎需要触及所有方面的问题：销售的内容，销售的方式，如何吸引客户，公司的财务模式，如何确认营业收入，如何核算销售额，如何打开市场……无论如何，这一切都必须改变！

在应对这些挑战的过程中，我们清楚，如果我们不能赢得人心，那么改革终将以失败告终。作为领导者，我们的工作是帮助组织中的所有人都认识到，虽然我们无法针对每一个问题提供明确的解决方案，但是这项决策对他们及其客户来说终将是有益的。

而这正是安迪所描述的领导者的挑战！无论是推出一项战略计划，还是应对外部因素所造成的危机，领导者们常常容易忘记，要想让员工对即将发生的事情能够产生与他们相同程度的舒适感、认同感和兴奋感，单凭一次会议或一次演讲是远远不够的。

我们往往会认为领导力的核心在于拥有“伟大的想法”。然而想法不过是起跑线。领导者必须有意愿去面对现实，与时俱进，聆听意见，反复调整，同时带动手下的人。这才是领导者真正需要做的工作。

在我们自身的变革举措实施过程中，我们所遇到的问题与其他组织并无二致。公司内部一些非常有影响力的意见领袖就表示过：“我不想做这件事。我在公司已经工作20年了，而且也算是小有成就。现如今你难道是打算过来把这一切都搞得乱七八糟？”（我之所以知道，是因为他直接打来电话跟我说的这番话！）作为一个组织，我们频繁出入于本书中即将讲到的“破坏区”——有时甚至是一日数次。但与此同时，我们也有自身的优势，那就是由一群潜心研究韧性、信任和协作的原则与做法的优秀的员工所形成的文化。这些原则和做法体现在《高效能人士的七个习惯》（*The 7 Habits of Highly Effective People*）和《信任的速度》（*The Speed of Trust*）以及我们贡献给世人的许多其他著作中。于是，在自身文化优势的加持下，我们的改革得以相对快速地进入了创新区——改革的成效开始实实在在地显现出来。

尽管我们一路走走停停、磕磕绊绊，但幸运的是，我们的客户始终对我们不离不弃。我们的员工所表现出来的自我调整能力和创新精神远超出了我们事先的预期。更为重要的是，随着我们开始与客户建立起更加深入的、长期的合作伙伴关系，并以更持久、更全面的方式与之交往，我们的客户、员工和投资者三方都从中获得了更好的服务。

最后，为什么要选择富兰克林柯维，又为什么要读这本书呢？为什么在已经有无数人倾注了大量的笔墨谈论领导力和组织变革的情况下，还需要听我们讲述这个话题呢？

其根本的原因在于，我们相信在有效驱动显著行为变化的基本原则、做法和行为方面，我们拥有独到的见解——而且我们知道如何帮助组织调动人的内在能量，使其能够步调一致，朝着有助于实现组织所需战略的同一方向前行。而这正是我们40年来始终孜孜以求的事情。我们是一家致力于行为改变的公司。而且，每一项战略举措，每一次改革的历程，从本质上讲都是通过改变人类行为来实现的。

你或许已经为某个目标制订好了周密的计划——可能是为了取得更好的结果，也可能是为了应对一次不期而遇的变化。现在，由我们来帮助你完成这项任务。然而这项伟大计划的成败将取决于组织内部员工或团队成员的行为：他们是否赞同你的想法，是否愿意持之以恒，是否能够为实现这一目标而重新塑造自我及其工作方式……正如我的朋友安迪所指出的，伟大的想法只是让你站在起跑线上，而接下来要做的才是领导者真正的工作。

富兰克林柯维首席执行官

保罗·沃克（Paul Walker）

2023年4月

前 言 Introduction

滚石乐队主唱米克·贾格尔（Mick Jagger）打开房门，乐队鼓手查理·沃茨（Charlie Watts）一记重拳打在他的脸上。这一拳实在太猛了，米克仰面朝天摔倒在身后的桌子上。一向温文尔雅的沃茨随即淡定地转身，走回了自己的酒店房间。

查理·沃茨何以会做出如此具有攻击性的行为？贾格尔大概是有史以来最了不起的一位摇滚乐队主唱，然而他却低估了变化对情绪的影响。他不知道（或是忘记了）这样一个事实：那些人们所不愿看到或是意想不到的变化会激发人类最原始的“战斗或逃跑”的本能。当有些自我膨胀的贾格尔宣布打算为“他自己”签一笔大单并准备发行一系列个人专辑的时候，就连这位一向冷静、镇定的英国鼓手也可能会突然大打出手——而且他真的动手打了人。

贾格尔的背叛行为，再加上他深更半夜的电话骚扰，如此的变化已经超出了查理·沃茨所能承受的范围。他敲开他的门，随后便是一记右勾拳，贾格尔应声跌倒在一盘熏鲑鱼中，差点儿飞出酒店窗户。

滚石乐队最终得以重整旗鼓，继续一次次冲击畅销榜。虽然我们并不提倡查理·沃茨在处理这种事情时的做法，但我们却意识到这样一个事实：低估人类在面对变化的威胁时所做出的本能反应是错误的。我们编写这本书的目的就在于为领导者提供一系列观念模式、技能组合和工具组合，使其能够带领团队从单纯地对变革做出反应，到对其主动出击和为我所用。在接下来的章节中，我们将提出一个基础框架，帮助您理解为什么变革是一个可预测的过程，以及领导者应如何提高团队在达成和利用变革的有利因素方面的能力。众所周知，富兰克林柯维公司的使命是"在世界各地，帮助组织和个人成就卓越"，而这一使命从本质意义上讲是与变革息息相关的。无论是培养杰出的领导者，养成高效的习惯，建立包容和高度信任的文化，还是提出与"极其"重要的目标密切相关的普适性执行框架，变化始终是人们生活、工作以及实现个人和集体"伟大目标"过程中的核心。

作为本书的作者，我们毫不掩饰自己在帮助客户有效应对变革方面的无比热情和专业知识。首先必须认识到，真正高效的变革领导者会选择将时间花费在其所领导的人的身上，而不是用于遵循某种程序。秉持这种思维方式的领导者会摈弃机械刻板的变革管理手段，而转向提高被领导者应对变化的能力。

40多年来，通过与高层管理者、中层领导者和一线员工的现场合作，我们对这些基础框架进行了反复检验，使其能够适用于众多行业内各种形式的变革。变革这一主题已经逐渐发展成为我们职业生活的重要组成部分，而在此过程中我们也积累了许多案例。

> "真正高效的变革领导者会选择将时间花费在其所领导的人的身上，而不是用于遵循某种程序。"

柯蒂斯·贝特曼

变革是帮助他人的平台

一切皆缘于20世纪90年代末我的一次东欧之旅。当时我正与一位业务伙伴合作，讨论关于个人、组织和团队对更多应对变革的工具和最佳实践方法的需求问题。我们发现，人们需要一种能够像看地图一样查看变革之旅的方式，能够直观地看到自己目前在变革过程中所处的位置，以及未来的情况。在与业务合作伙伴讨论的过程中，我跳到白板跟前，快速勾勒出一个草图，这就是后来成为“富兰克林柯维变革模型”的最初构想（我知道，这听上去很书呆子气——谁会“跳”到白板跟前画一条J形修正曲线呢？）。我们一起列出客户们数年来成功与失败的数据，并从中梳理出在其变革历程中阻碍或加速其进步的共同模式。在本书中，我与其他经验丰富、才华横溢的合著者们即将向您介绍和剖析的变革模型，正是我们经过多年的刻苦钻研、深入思考和反复调整所收获的结果。

在我们的白板“杰作”诞生之前，我在软件行业已经工作了10多年，并有机会与世界各地的出版商合作。我当时在一家提供专门服务的科技初创公司工作。在成功赢得第一家大型国际客户后，我便移居欧洲，以确保成功实施我们所提供的方案。我们建立了一支由顾问、培训师、技术专家和销售人员组成的团队。我们提供给出版商的软件成为其客户服务、财务和收入确认、营销和执行等运营活动的基础。由于需要与客户协商技术实施方案，我有机会置身于大型组织变革的前沿，而且可以说也让我置身于个人生活变化的前沿，因为我和妻子把家从地球的一端搬到了另一端。那是我们所做过的最正确的决定，而且从那以后我们又多次做出了同样的决定。

在随后的20年里，我有幸参与了许多重大的变革计划，涉及复杂的系统、技术和流程，而我从中真正领悟到的是，从根本上讲，变革是一件与“人”密切相关的事。

这种以人为本的洞见最终引领我加入了世界上最值得信赖的领导力咨询公司富兰克林柯维。我看到了一个可以将我们的经验和正在进行的变革工作转移到一个拥有更大舞台的组织中去的机会——一个有潜力帮助所有人通过变革获得更大成功的组织。这就是我之所以能走到今天的动因。

玛琪·普莱谢特

变化能够促进成长

我一生中最喜爱的一句格言是：“莫要踌躇于过往……那不是你要去的地方。”

面对变化的发生，我总会感到有些不舒服，有时甚至会手足无措。这种情况会一直持续到我解决以下三个问题为止：第一，弄清楚自己身处其中的原因；第二，知道自己在哪些方面能够掌控，哪些方面不能掌控；第三，就自己如何前进做出明确的决策。长期的实践经验告诉我，当一段新的冒险之旅开启之时，我几乎不可能百分之百地确保成功，但是我领悟到，在具备了周密规划的步骤、牢靠的支援系统以及专注和积极的心态的情况下，任何一项任务成功的希望都会大大增加。

我对与人相关的工作特别感兴趣，也因此找到了最适合自己的职业——职业发展和私人教练。这些工作让我有机会能够帮助他人成长、进步和实现目标。一个像我这样如此抗拒变化的人，却从事着一个本质上围绕着变化展开工作的职业，这似乎带点儿讽刺意味。而令我感到最有收获的是，我所从事的工作不仅帮助了他人，也帮助了我个人不断成长、进步和实现更高的目标。

在过去的数十年里，我走遍世界各地，与富兰克林柯维位于当地的多元化的客户群合作。我逐渐清楚地意识到，变化是一个需要人们适应新的或者不同的事物的过程，而这也是令我们许多人感到恐惧的原因所在。从某种程度上来讲，这种恐惧对所有人来说都是正常的。只有当这种恐惧挫伤了我们的信心，削弱了个体前进的动力时，变化的潜在有利因素才无法达到预期。这本书的目的即在于帮助作为领导者的你带领团队克服这种恐惧，迎接即将到来的机会。

我个人最重大的改变发生在我24岁那年。那一年，我的父亲死于一场车祸。和许多女儿一样，在我心目中父亲是最伟大的。对我来说，他是智慧、给养、鼓励、体贴和快乐的源泉。我几乎在所有事情上都依赖于他！他教会了我关于生活、商业和优秀的知识，然而我们关于责任的交流却并没有引起我的重视，因为我本能地以为他会陪伴我一生。

在失去他的头几个月里，我的内心感到无比空虚——一种我一生中从未体验过的空虚和绝望。

在经历巨大悲痛的过程中，我不得不决定在接受失去父亲这一现实的同时，也接纳成长的机会。我开始自己处理最初由他为我做的事情。尽管在处理一些重大事情时常常不知道自己在做什么……但我从中学到了许多。在处理个人问题时，我也变得更加自立和智慧了。以前，我通常会打电话询问他关于一段关系或者重大决定的建议，但从那时起我开始考察我个人见解的智慧，努力克服我对生命中这一巨大损失所产生的本能的恐惧。我变得更加独立，并且发现自己比想象中的更有能力。他在我生命中的存在让我感到舒服安逸，这种感觉为我营造一个如此完美的安全空间，以至于我并没有急于去开发自身充分成长的潜力。尽管我宁愿换一种方式去获得快速的成长，而不是以失去父亲为代价，但它确实是我对改变这一概念产生顿悟的关键点。即使是现在，我仍然想念他，但我相信他会为如今自信而成熟的女儿而感到骄傲。

如果说我会与我才华横溢的合著者们一起出现在本书中发声，那么在整部书中我们着重想要提醒诸位的是，人的精神是变革的重要组成部分。无论我们的改变是个人的、职业的、组织的还是社会的，真正在变革过程中得到修炼和完善的是人的自我意识、身份和人格。

安迪·辛德里奇

在变革的激励下成就伟大

29岁那一年，我是一位高中校长。学校里一些教师的工龄比我的年龄还要大。当时，我带领着一群非常了不起的教师、教练和学生让当时已经濒临绝境的学校起死回生。在短短的3年时间里，我们改变了学校的文化，提高了学术成绩，并形成了在多个体育运动项目中多年夺冠的传统。从一开始我就知道，我必须改变现状——当时的教职员工过于安于现状，对于学校旧有的一切习以为常。我们对旧有的常规进行了翻天覆地的改革，从上下课的时间安排，校友返校活动的传统，到足球比赛中如何收门票，以及工作人员与学生的互动方式。我还帮助两位老师找到了更适合他们技能的机会。此事令教师工会感到不满。最终，他们向学校董事会施加压力，要求我离开（就是人们说的炒鱿鱼）。不过他们并没有直接解雇我，而是将我调派到一个新的岗位，担任学校社区资源主管，在两个校区之间来回奔波。之后又回到学生教育部门，负责问题学生的工作。我在该校工作的第5年春天，学校的一次裁员留给我一个刚出生的婴儿，一个尚在还贷中的房子，和失业后又早已过了能够找到另一份学校行政工作的年龄的窘境。所以，我必须重塑自己——而且要快！

我转向了教学设计、培训开发、编辑，甚至网络开发和搜索引擎优化。当时我最大的客户是富兰克林柯维公司。一系列机缘巧合的事件让我最终幸运地成为富兰克林柯维公司的全职顾问，为客户提供战略执行、领导力培养和提高个人效率方面的咨询服务。这种令人揪心的、意外的、不希望发生的变化却最终成为我平生所遇见的最幸运的事。

在我担任富兰克林柯维顾问的三千多个日子里，我了解到了人们在陷入困境时的烦恼。这些烦恼可能是来自新的上司，亲人突然离世的悲痛，信仰危机，离婚的痛苦，空巢生活，也可能是来自应对组织变革的艰难过程。我见过我孩子的朋友在高中毕业后的困惑迷茫，我也见过客户因原有计划被意想不到的变化打乱时的不知所措。

你或许注意到这当中有一个共同的主题，那就是“不知所措”。无论是组织还是精明能干、受过良好教育并且又才华横溢的领导者和个人贡献者们，都会在面临变化时感到不知所措。我的个人使命召唤我去帮助人们摆脱这种困境，在逆境中重塑自我，并且发现自己的伟大之处。而这一切往往意味着要从变化中体验意想不到的价值和快乐。我认识到，变革是进步的关键因素——无论是对于身处婚姻或伙伴关系、企业或学校中的个体，还是对于社群、对于社会，甚至从大的方面讲，对于这个世界的管理者而言。

变化是普遍的和可预测的

克里斯蒂·菲利普斯

变化可以说是我个人生活的主旋律，并且很自然地成为我职业生涯的主旋律。在我8岁那年，我的父母对我和我的兄弟姐妹们说，他们要将全家从得克萨斯州搬到非洲。但是在我们到达扎伊尔（即现在的刚果民主共和国）之前，我们得先在格鲁吉亚居住6个月，然后再搬到法国住6个月。我讨厌这一切，但那又能怎样呢——一切终究还是发生了。

后来，我竟然爱上了从一个地方搬到另一个地方，甚至还很怀念我们全家搬回得克萨斯州居住后所看到的变化。到陌生的地方生活，这种形式的变化让我有机会结识新的朋友，学到了新的知识，了解到了新的思想行为模式。我最终明白了一个道理：我可以对接受或是抗拒变化做出自己的选择。我相信，我的这一洞见赋予了我一项优势，这项优势是那些不曾在童年时期经历过如此重大变化的同龄人根本无法获得的。

在我职业生涯最近的15年里，我一直在正式和非正式地担任着变革推动者的角色。我曾经协助领导一家大型医疗机构成功建立起了电子病历（EMR）系统——那是一次既令人愉快又充满艰辛的经历。我还用了长达10年的时间完成了一篇关于员工敬业度的专题论文。这也是一次充满欢喜和痛苦的变革经历。

稍后，柯蒂斯将会为您讲述一个关于一艘船，一队船员以及他们所经历的一段险象丛生的水上之旅的寓言故事。就变革这一主题而言，这则寓言中的瀑布象征的是变革最初的干扰。在此我们强调的是跳下瀑布悬崖的不可避免之时势——无论是出于意外，出于被迫，还是主动选择——就像我在童年时期被家人带着“跳下”那个变化的“瀑布”一样。作为读者，如果你能够把一个关于变革的故事当作一段惊险刺激的冒险之旅来读，那么你或许会将故事里的瀑布和由此产生的一段旅程看作是一种隐喻。而如果你更喜欢直接把它当作严肃认真地谈论变革的内容来读，那么那个怪诞的瀑布就可能会看起来不好对付或者充满挑战性。而几乎所有人都会从本书第一章中发现关于这则寓言的一个共同点，那就是这里的瀑布象征的是变革给人们带来的情绪的剧烈波动和混乱局面的恶化。它可以是个人方面的，也可以是工作上的，可以是无关紧要的，也可以是事关重大的。我在此过早地透露剧情是为了让你提前做好准备。无论你偏好哪一种文学形式，或是属于哪一类读者，在阅读这则寓言时，我都希望你能够在故事里的瀑布中注入源自你个人生活、经历、文化、背景的意义。换句话说，把它变成你自己的。而这也正是自古以来人们阅读寓言故事的最佳方式。

这本书着重强调变革中与人相关的方面。著名心理学家伊莉莎白·库伯勒-罗斯（Elisabeth Kübler-Ross）在其于20世纪80年代出版的关于悲伤的著作中描述了人们在面对亲人离世（毫无疑问属于变化的一种）时的情绪反应。库伯勒-罗斯的这部著作让我们认识到，变革中有关人的方面是存在共性的和可预测的。我知道富兰克林柯维并不是业内谈及变革中有关人的方面的先行者，但是我们在此基础上建立起了一个简单易懂的模型。通过该模型，我们针对如何进行自我管理，如何带领他人成功应对变革提出了新的框架，甚至还可能让你学会享受变革的过程。

我们四位合著者在变革管理方面的经验各有侧重：柯蒂斯作为一位研究变革的专家，拥有20多年的高层和基层工作经验；玛琪是一名职业发展顾问，指导过数百名领导者成功应对个人生活和职业方面的变革；安迪是一位领导力和高效能专家，同时也是一位从事变革管理工作的成功人士，为高管和组织提供咨询服务；克里斯蒂是人力资源开发博士，曾在一项极其复杂的医疗改革计划以及其他与变革相关的项目中担任首席变革推动者。我们各自从多个角度、不同的组织和不同的地理位置体验过变革，而我们集体的经验确证了本书中将进一步探讨的两个假设：

- 变革是有规律可循的；领导者们能够从我们称之为“变革模型”的准则中获得助益。

- 变革终究是人的行为，因此最高效的变革领导者会优先考虑人的需求，而不是严格遵守某个程序。

本书的承诺是，它将教会作为领导者的您如何将变革的不确定性转化为机遇（并培养您的团队更有效地应对当前和未来变革的能力）。这听上去是一项极其艰巨的任务，尤其是当你正处于被变革搅扰的阶段时，但是请不要气馁。应对变革复杂性的最佳解药是一个清晰易懂的模型。因此，翻读过前言部分，让我们从那则寓言开始……

第一章 CHAPTER ONE

谁摇晃了船（一则关于变革的寓言故事）

柯蒂斯·贝特曼

等一等……你说什么？寓言故事

克里斯蒂在前言部分中提到，本书将以一则寓言故事作为开篇。故事讲述的是一艘轮船及其船员所经历的一次奇幻之旅。在这次旅途中，他们被迫不断做出自我调整，最终成功战胜了干扰日常的变化。

这个故事最初是以插画书的形式呈现给读者的，书的名字就叫《谁摇晃了船：一个关于在不可避免的变化中保持前进的故事》（*Who Rocked the Boat? A Story about Navigating the Inevitability of Change*），重点讲述了如何在无法避免的变化中把握方向，砥砺前行。我们在本书中借用了这个故事，并通过领导力的视角对其进行分析和探索。我们深刻地感受到，这则寓言故事对某些深刻的原理和方法的形象生动的阐释不仅能够改变一个人职业生涯的轨迹，他们的贡献程度和遗产，甚至还可以影响整个组织。

那么，为什么要采用寓言的形式呢？为此我想引用《帝国消息》（*Imperial Messages*）（一本关于19世纪至20世纪寓言故事的集子）的编辑霍华德·舒尔茨（Howard Schwartz）的一句话："……现代寓言故事和古代圣经寓言故事一样，都是将道理寄予在一个简短的故事里。其寓意不是直白地表达出来的，而是暗含在里面，等待有心的读者自己去领悟……"我们也真诚地希望您就是那位有心的读者——希望您在陪伴我们的船长和船员们一起远航的过程中，能够思考自身所经历的变化之路，以及从故事的深层次中所能发掘出来的道理。

最后想要说明的是：我们之所以给予这则寓言一个带有些讽刺意味的题目"谁摇晃了船"，是因为这往往是人们在面对意外变故时的第一反应——这是谁的错？对于第一次面临令人深感惶恐的变化的新的领导者和团队来说尤其如此。所以，下面让我们先来读一段一位有着相同境遇的领导者和一位他们所信赖的导师之间的短信交流。

一位领导者的困境……

星期二，10：41

救命！

公司刚刚宣布了一项重大变革。我的团队成了重灾区。天哪！

我以前从未在这种情况下带过团队……

星期二，10：50

我该怎么办？

我该从哪里做起？

放轻松……你能行的。

星期二，11：23

说起来容易！我整个人都懵了。

很高兴你发来短信。这也正是为什么你要我做你的导师。正是为了这种时刻，对吧？

是的。

恳请建议。

我刚刚给你发了一个关于如何应变的奇幻故事。你先读读，读完之后给我回信息。

第一集　这条河的“常态”

从前，有一位船长和他的船员们驾驶一艘名为“成果号”（虚构名）的轮船去远航。他们的任务是将船上的货物运送至位于一座山脉对面的中途停靠港。此时的“成果号”缓慢而平稳地行驶着，船员们的心情是轻松愉悦的，甚至还可能有那么一丝的无聊。

所有人都以为这次出航会很顺利——航道平缓，风景宜人，碧空如洗，令人心旷神怡。

船上各团队成员已经在一起共事过一段时间了，相互之间都很熟悉。“动力”（Move）是工程师，其工作是确保船上的蒸汽发动机能够持续不断地运行。“最简化”（Minimize）是大副，负责监管船上的货物。“抗拒”（Resist）是二副，负责轮船及船员的安全工作。“等待”（Wait）是名甲板水手，船上方方面面的活儿他都沾点边。最后是一对双胞胎“退出”

（Quits）和“放弃”（Quit），二人轮流负责驾驶轮船。所有这些船员都听命于船长，船长则负责与“成果号”及其船员相关的一切事务。

“我更喜欢这种地势平缓的河道。”水手“等待”开口对其他人说。

“这种河道会减少旅途中的麻烦。”大副“最简化”替他补上一句。

“而且还能让我们有时间进行些演练。”“动力”说，这人似乎有永远使不完的劲儿，“你们知道，就是提高咱们的技能，掌握新的东西！”

二副“抗拒”扬起一条眉毛回应道：“加班不涨工资？算了吧，这事儿我不干。”

“我也不干。”坐在驾驶室里的“退出”大声说，“大家放轻松些——这次出海一定会一帆风顺。”

“没错，”“放弃”应和道，“只要是我掌舵，就会一帆风顺！”大家对“放弃”的过度自信报以嘲讽。

然而水上航行就如同现实生活一样，常常会让人遭遇出其不意的变故。这时，远处传来阵阵沉闷的轰鸣声，巨大的声响压过了“成果号”蒸汽发动机的声音。船长注意到船速变得越来越快，他清楚这有可能意味着什么：前方有瀑布！然而，他们还没来得及掉转船头，湍急的水流已经裹挟着轮船一路颠簸着向前飞驰。

“全体人员，小艇就位！”船长大声发出常规指令，命令船员穿上救生衣，备战未知的险情，“前方有瀑布！”

然而，每位船员对此的反应却各不相同。

“动力”这个人特别喜欢新鲜冒险中的刺激感。只见他抓起一把铁铲，开始不断地朝锅炉里面铲煤。“咱们越快到达瀑布，这趟旅程就越刺激，越快速！”“动力”特别喜欢冲在前头，欣欣然体味其中的快感。

“最简化”只关注有可能发生的事，喜欢尽可能减少作为，常会对自己为某件事投入的心思和精力精打细算，避免超过必要的范围。“真的是瀑布吗？我们最好不要做任何不必要做的事。”正在核查货物清单的“最简化”抬起头来说。

“等待”听见了船长发出的警示，但依然待在原地。他说：“我以前就曾上过那种声音的当。我们最好等等看，然后伺机而动。”“等待”一边说一边审视其他船员，打算根据他们的举动做出反应。

“抗拒”认为大家应当拒绝继续往前走——瀑布会轻易地毁了“成果号”。“抗拒”对其他船员大声喊道：“我们必须对抗湍流的引力！快来帮我把锚抛出去！”但却被船长制止了——船行驶得太快，如果锚固定住，很可能会把船拉翻的。

“退出”和“放弃”则另有想法。在“退出”看来，岸上的森林是个比瀑布更好的去处，于是他喊道：“祝各位好运，就此告辞啦！”接着他便跳下船，向岸边游去。

“放弃”尽管也想退出，但是还没有下定决心抛弃这艘船和船上的人。毕竟，天知道森林和瀑布究竟哪一个会更危险呢？于是，“放弃”离开船舵，双手抓住船栏说：“此时再怎么掌舵也无济于事了。”

船长紧握方向盘，驾驶“成果号”朝着前方的悬崖驶去。

第二集　坠入瀑布

接近瀑布顶端的悬崖时，轮船开始剧烈颠簸，船身开始倾斜。咆哮的瀑布、飞溅的水花、呼啸的疾风将船员们淹没其中。当船体猛然跌落悬崖的那一刻，每个人都经历着一场剧烈的情绪波动。

“我早说过情况会是这样！我们完蛋了！”“放弃”在喧闹声中大喊。

“我们早应该抛锚！”“抗拒”大声喊道。

“我的天啊！”“等待”大叫着，双手紧握船栏，惊恐万分，不知道情况会糟糕到什么程度。

“动力”开心地欢呼着，享受着肾上腺素飙升所带来的快感。

“最简化”则闭口不语。

船长清楚，此时他们正处于最紧张的时刻。看到大家情绪失控，他思忖着：“船触底之后，我该如何帮助这些船员呢？”

随着哗啦一声巨响，“成果号”俯冲进瀑布下面的水潭里。发动机突突地喷着热气，尖声表示抗议。与此同时，船员们彼此碰撞着，倒成一片。有几个人落入水中，其他人不得不挣扎着抛出救生圈，并将他们拖上船。“等待”甚至被瀑布的压力压入到潭水深处，最后终于游出水面，被救上了船。此时所有人都像是被暴打过的落汤鸡。忍着疼痛，船员们开始查看轮船的受损情况。尽管“成果号”严重受损，但还是能够顺着水流漂浮在水面上。

“这下该怎么办？”“抗拒”问道，随时准备反对除此之外任何超出预期的新想法。

“等待”则在一旁察言观色，试图从他人的言行中弄清楚下一步再怎么做。

船长在审查完轮船的受损情况后说道：“瀑布严重损毁了我们的船，船员们也都浑身是伤。现在，我们必须齐心协力，重返航道。”

“放弃”抱怨道：“我们当时为什么非要走这条路呢？可以选择的河道多得是，我们却偏偏要走这条沿途有瀑布的。是谁想出的这么愚蠢的主意？”

船长回应道：“如果我们总是反复走同一条河道，那么我们将永远找不到更快更好的路线。没有任何一条河流会永远保持不变，而瀑布将永远是旅途中的一部分。”

“那，现在该怎么办？”“抗拒”追问道。

船长微笑着安慰大家道：“我知道这是我们任何人都没有预料到的事，但我相信我们一定能共同找出解决问题的办法。”

“动力”满腔热忱地说：“完全同意您的看法，船长。勇于尝试新鲜事物会让生活变得更有趣。”

“我不需要更有趣的生活。”“抗拒”嘟囔道。

“坦率地讲，我对这些都不感兴趣。”“放弃”说。

水流载着“成果号”来到一片沙滩上，船员们便在此抛锚上岸。当他们在岸上集合后发现，这里的沙土非常黏腻，让人每迈一步都感到很吃力。人在上面行走的速度十分缓慢，就好像这个地方刻意想要困住他们似的。船长发话：“我想大家可以在这里休息一下，但是不能待得太久。让我们想想接下来该怎么办，然后行动起来。”

“只要不把时间浪费在说话上。”“动力”一边说，一边双脚不停地在地上换来换去。

“我们干脆就在这下面找一个进入另一个河道的入口。”“最简化”建议道。

船长回应说：“可如果那样走，我们将无法到达既定的目的地。我们的任务是把‘成果号’和船上的货物送到山上和山后的港口——而此二者都位于地势较高的位置。”

“放弃”说道：“哎呀，货物就算烂掉了又关我什么事。我讨厌这个鬼地方。”

船长抬头望了望悬崖说：“我们还有需要完成的工作。这一点并没有改变，而爬到那上边去看起来是我们最好的选择。”

“好啊，当然啦，所以我们直接就可以神奇地把船开上陡直的崖壁了。”“抗拒”回应说，语气里带着嘲讽。“抗拒”知道，有时候阻止一件事情最好的办法就是对它冷嘲热讽。

灰心丧气的船员们在河滩上分散开，各自陷入了沉思，各有各的意愿和要求。

船长走到正坐在一块大石头上的“等待”的身旁，说：“我可不可以问你个问题？”

“等待”耸了耸肩。

于是船长问道：“为什么大家如此不愿意攀爬那座悬崖？”

“嗯，我认为大家很可能不愿意仓促地做任何事情。”

船长对他的话认真思考了片刻，然后说：“你认为这是所有人真实的想法，还是你自己这么觉得？”

“反正我知道这是我的感受。更何况，我曾经经历过这种事儿，而且从未走出过困局。人总是会高谈阔论些大道理，可到最后，每个人还不是各顾各的。”

了解了“等待”的想法后，船长又接着与其他团队成员进行了同样的交谈。结果是，每个人所关心的事情和对事态的反应各不相同，但是船员们最想要的，是一个思路清晰、计划周密、理解透彻，并且最终证明不是白白浪费时间的行动方案。经过一番激烈的讨论和集思广益，船长最终提出一个建议："我认为我们应当对轮船进行拆解——"

"打住！""抗拒"打断他的话，"你是说让我们把整只船拆解掉？拆完了之后呢？一点一点地扛上去？用我们的背？船长，这是史上最糟糕的主意。恐怕这里没有任何人会同意。"

然而"最简化"却不这么看："这其实也不算什么难事儿。我们可以用现有的滑轮、桅杆和索具造一个起重机，然后用它把'成果号'一块块地拉上去。这样总比我们用背扛上去的好。当然，这并不表示我愿意去爬那座悬崖，但如果这就是我们要采取的方案，我们至少可以做得聪明一点。"

不出所有人的意料，"动力"对此欢呼雀跃："好主意！"

"放弃"却问道："你们是不是忘记了这条船整个有多重？即便我们把'成果号'拆解成最小的组件。我不在乎咱们有多少滑轮，反正我们无论如何都不可能成功。"说罢，"放弃"转向"抗拒"："你同意我的看法，对不对？"

"抗拒"点点头，嘴角挂着一丝坏笑。

船长说："好吧，那么有没有可替代的方案？"

船员们互相对视，却想不出一个更好的办法，可以把船和货物送至崖顶。

于是船长发话："那就这样吧，大家就此行动起来。"所有船员都点头表示同意，只不过积极的程度有所差异。但这足以让"等待"看清事态的发展。他冲着已经奔向轮船的"动力"大声说："我来帮你准备工具。"

看到大家已经下定决心行动起来，船长感到很欣慰，同时他也清楚，走出峡谷这项任务将会让团队成员面临前所未有的挑战。

第三集　悬崖另一边

团队所构思出的方案包括若干个步骤。首先，需要将轮船分解成可操作的小的组件。其次，他们需要搭建梯子，并且带上用来在崖顶建造绞盘的零部件攀爬崖壁。然后，他们将利用绞盘拖起捆扎好的物品和货物。最后，等到所有的物件和人员最终全部汇集在崖上高地之后，他们将重新组装“成果号”，然后将其放入之前的河道——回到原初的样子。

除了“动力”之外的所有人都感到，这是一项需要严格按步骤执行的计划——“动力”在大家讨论的过程中悄然离开，已经爬到了崖壁的三分之一处，而且他还用一个工具腰带携带着几卷绳索、几个滑轮以及各种各样的工具。船长只好大喊，叫他回来。“动力”皱了皱眉，但还是开始往下爬了。

“最简化”冲着“动力”喊道：“看来你还真知道我们下边需要这些东西啊！”如此，整个计划才没有脱离正轨。

“动力”回到了河滩上，船员们随即开始拆船：拆掉蒸汽机，把货物从船上卸下，拆下顶篷和应急帆并把它们折叠好，卷起绳索，系紧起重滑轮，截断桅杆，用来做绞盘的臂架。一旦有什么事情难住了大家，“最简化”就会提醒他们，诸位都是接受过船舶维修方面的专业培训的，所以把“成果号”拆解开也并不是什么遥不可及的难事。最终，船员成功拆解了船体，准备好了搭建台架所需的材料，还做好了用来攀爬的梯子。

接下来就该攀岩了。

然而即使是“最简化”也低估了事情的难度。这是一项极其艰巨的任务。他们需要在岩壁上找到合适的位置，将梯子摆放好，向上攀爬，固定梯子，搭建一个小的平台，然后再递上去一个梯子。如此循环往复。

有时，船员们所到达的位置找不到任何适合用来固定梯子的地方，于是他们只好原路返回，尝试另外一条路线。有时，他们不得不将梯子横着放，朝着本不想去的方向行进，希望能找到另一条向上的路。还有些时候，大风险些将他们吹下悬崖！就这样，船员们一边应付着诸如此类的难题，一边在崖壁上左冲右突，时而上行，时而侧行，时而下行。然而尽管如此，他们始终保持着向上的趋势。

终于，他们到达了崖顶，并且开始在此制作滑轮，而与此同时，留在下面的人将材料固定好，然后将它们吊起来。

成功了！或者，他们自认为是成功了。

然而，让他们感到十分沮丧的是，事实证明“放弃”之前的想法是对的。这些零部件太重了，即使用上所有的滑轮和支撑桅杆也难以支撑！不管船员们怎么用力，都无法拉起这一捆捆死沉的东西。

“放弃”冲着所有人大声说：“你们应该都熟悉故事里经常出现的那个情节吧，那就是在某个时刻你不得不说一句‘我早说过事情会是这样！’”

“别说了好吗？”“等待”恳求道。

“唉，白忙活一场。”“最简化”看着他们组装的绞盘叹息道。

“动力”说：“你这话我完全不赞同，我们能做到现在这一步，就值得被赞许。”

“好呀，那你就自我表彰和奖励吧。感觉好些了？”“抗拒”说。

“‘动力’说的确实有道理，我们在攀岩时克服了各种各样的困难。”船长发表了他的看法。他心里清楚船员们为走到目前这一步所付出的艰辛。

回想之前在崖壁上的奋力拼搏，船员们感觉到自己克服意外困难的能力似乎的确有所提高。

“等待”问了一句：“还记不记得我们在螺栓快用完了的时候是怎么做的？我们想出了一个好办法：利用岩石的裂缝作为天然的固定物。”

“动力”补充说：“还有，当崖壁上凸起的岩石导致梯子无法使用时，‘抗拒’用一串丁香结巧妙地制成了一个‘绳梯’。”

“那是最有效的解决办法。”“抗拒”说。

就这样，船员们意识到了自己所取得的成就。与此同时，船长鼓励大家再试一次。于是他们开始从消极抱怨转向解决摆在面前的问题。最终，他们决定改变船上原有锅炉的用途，从而将人力推动的绞盘改造成蒸汽驱动的绞盘。尽管锅炉的零部件很大，但还不至于重到船员们没有足够的力气将其抬起来。这也就意味着，他们可以用现有的滑轮将这些锅炉零部件运至山顶。

当锅炉部件被吊到山顶后，“动力”对这些组件进行了重新组装，改装蒸汽发动机，赋予它新的使命。

一切准备就绪之后，开始点火，添煤。船员们后退观瞧。突然，活塞开始运动。而后，随着排气管突突地喷出蒸汽，活塞开始工作。“最简化”拉动控制杆，新的机械绞盘开始轻松转动。

船员们欢呼雀跃，击掌相庆。船长的嘴角露出了微笑。他意识到，团队已经有一段时间没有取得过这样的胜利了。事实上，是相当长的一段时间了。

当所有的沉重货物和大件物品都被运出峡谷后，船员们开始了最后一次的攀爬行动：在攀岩的同时撤回梯子和平台。为此他们一次次地爬上来又爬下去。攀爬悬崖的难度意外地远超出船长的预期。但船员们自始至终齐心协力。一步步，一寸寸，他们终于成功走出了困境。

站在新的制高点举目远眺，船长和船员们可以看到来路上的瀑布与河流，那是他们旅途初始阶段的标志。而在青草丛生的高地的对面，一条通往那条山脉的河流映入他们的眼帘。尽管已是筋疲力尽，但每个人都为自己所成就的这一切感到自豪——很快他们就会回归正轨！

第四集　天空是极限

然而跟最初相比，还是有些不一样的地方。

船员们变了。他们变得士气高昂，开始相互赞许。

船长发表讲话："不管你们怎么想，但是这一路走来，我们真的是历经了千辛万苦，克服了重重困难才最终站在这里。而这一切离不开大家的共同努力。"

随后，船长开始逐个点评每一位船员："'动力'，你做事从不墨守成规。在尝试新事物方面，你始终是我可以托付的人。还有'最简化'，我特别欣赏你总是能专注于做必要的事情，从而让我们避免陷入难以应付的麻烦。'等待'，你能提出最有价值的问题，而且你做事从不草率鲁莽。'抗拒'，你会促使我们去检验自己的想法，而这是非常可贵的。'放弃'，尽管有时候你会中途撤出，但我知道，你可以作为一种预警信号，提醒我们注意那些其他人可能无法注意到的事情。这是一支多么了不起的团队啊！很高兴我们能重返航道，但我们毕竟还是浪费了很多时间。"

"最简化"说："我不希望出门在外的时间超过必要的时长。所以我想，会不会有什么其他办法可以让我们加速前进。"

"这是个蛮有意思的想法。""动力"说。

"等待"建议道："或许我们应该想出些办法来。比方说，重新组装

‘成果号’，让它能够以更快的速度在水上航行。”

“或者丢弃一些不需要的货物。”“放弃”建议道。那种不必将所有东西都搬回船上的想法对他比较有吸引力。

“动力”补充道：“我敢肯定，如果我对发动机稍作调整，我就能提高它的功率。”

“抗拒”反对说：“在一条蜿蜒曲折的河流上加快船速，这主意糟透了。”“抗拒”对于任何萌生于过度热情的变化都持怀疑态度。

船长发表看法：“我很欣赏大家的创造力，但‘抗拒’的话的确有些道理——河流本身存在一些天然的局限性。所以我想，不知道有没有办法可以让我们‘脱离’河道……”

“动力”出主意：“蒸汽动力步行机怎么样？”他喜欢坐在一个巨大的机械装置里咚咚咚地踱步的想法。

“踱下瀑布吗？我是不是应该把今天余下的时间都用来解释这是一个多么糟糕的主意？”“抗拒”问道，“因为我可以跟你们解释。”

“等待”回答道：“我看不出从瀑布上踱下去比从那上面漂流下去能好到哪儿去。”

“抗拒”语气坚定地说：“先打住，大家不要头脑发热。我们是工作在船上的船员。这是我们的专长，也是我们应该回归的地方。”

“但是船是有不同种类的，不是吗？”“动力”说，“不同的船做不同的事，解决不同的问题。”

听罢“动力”的想法，“等待”思忖了片刻，突然大叫一声：“比如说飞艇！”

船长一下子领悟了，然后转身朝散落在草地上的一堆堆摆放整齐的零件望去。“飞艇……想想也不是不可能的。相同的基本结构，只要稍加修改就能让我们离开地面。想想看……乘坐一艘飞艇，我们可以在河流和丛林上空极速航行——‘成果号’可就真的会飞升起来了！”

“最简化”也能想象出它的样子：“当然，它依旧是一艘船，但只要稍加改变就能提高它的性能。我们可以把顶篷改造成一只气球。”

“很好……虽然是个不小的改动，但也不是不可以。我们有很多材料，尤其是应急帆，多得是。”

“动力”说：“锅炉的蒸汽可以加热空气，产生上升的动力。虽然抬升全部货物需要大量的热量，但是那些发动机可以持续不断地工作。”

“等待”惊喜地叫道：“而且螺旋桨可以像以前一样转动，只是这次是在空中，而不是在水里！基本机制和以前一样。”

“放弃”说：“你们大概需要一个舵手来驾驶它吧，而这似乎很接近我以前的工作。只不过……在一个更高的位置。”

重新焕发了活力的船员们即刻行动起来，努力要将这些想法变成现实。

一段时间之后，当夕阳西下，晚霞映红天边时，一艘新的飞艇诞生了。带着重新设计的顶篷和船帆，改装后的锅炉和重新调整的螺旋桨，这艘船终于飞上了天空。随着“放弃”转动舵轮，曾经的船舵摇身变为机翼，开始隆隆转动。飞艇优雅地飞向群山，那是他们的停靠港所在的方向。船长和船员们再也无须受制于那条延伸在他们脚下的蜿蜒徐行的河流了。

远处，船员们看到了站在丛林边上惊讶地朝他们挥手的“退出”。他们唯愿“退出”在下一次历险中能收获和他们一样的回报。而此时的他们乘坐着这艘新的飞艇，正以比以往更快的速度和效率前进着。当然，挑战依旧存在，但那是下一次的事了。更何况，船员们对自身的韧性和创新能力更加自信了。因此，在这一刻他们欢欣庆祝的一件事是：曾经沿着一条缓慢而又可预测的路径前行的“成果号”，如今已经一飞冲天。

他们本人亦是如此。

哇，那条瀑布对我来说真是太有意义了！思绪万千……

我该从哪里开始呢？我有一大堆问题要问。

先别急！先与你的团队分享这个故事。让他们读一读。

我会发给你一些引发讨论的话题。你可以从中选择几个，然后在团队中展开讨论。

谢谢！真是神速啊。

这样你就可以开始了。

明天一起吃午饭？我们可以谈谈进展情况。以及后续步骤。

好主意。我会看一下你发过来的东西。我们午饭时好好聊聊。说真的，真是太感谢了！

第二章 Getting Started

概　述

欢迎回来。

在上一章里，我们已经和“成果号”的船长和船员们度过了一段美好时光，而且很可能他们的关于变革的故事和你自己有关变革的经历在很多方面都存在相似之处。

或许，你们“船上”的团队与之略有差异，你们所遇到的“瀑布”要高一些或者低一些，你们的“悬崖”较之更平缓或者更陡峭——但是你很可能经历过顺利的开始，以及中途的被干扰、做决定、艰难攀登，和最后柳暗花明的喜悦。

但是我想明确一点：作为领导者，每一次你的团队跌落到瀑布悬崖下面，都是在给组织制造成本。这些情况包括：技术实施不达标，新制订的薪酬计划引发众人不满，新领导的到来导致关系紧张。当类似这些情况发生时，你便可以在你的变革事项清单里加上最后（或是最新）的一项了。无论发生什么样的变化，你越快带领团队走出困境，所产生的成本就会越快消失，甚至转化为新的机会。

我们在整部书里还会多次回到“谁摇晃了船”这个故事中来。不过，在重温这个虚构的故事之前，先让我们讲述另外一个几乎看似虚构却是取材于真实生活的故事。在讲这个故事之前，请大家暂且放下对其加以褒贬评价的念头，因为尽管这是个真实的故事，但你会不断地感到疑惑，都什么年代了，怎么还会有这种事情发生。

2012年，一位房地产投资商完成了对某座公寓大楼的收购。与这笔交易相伴的自然会是一大堆文件。但是与此同时它还附带着一份额外的资料：该大楼业主管理协会提请的集体诉讼。

这是怎么回事？原来是公寓大楼内的居民无法收取比萨外卖。

尽管这项起诉听上去似乎微不足道，但其实事情并没有那么简单。这座公寓楼既没有固定电话线路，也收不到移动电话信号，却在大门口装有安保系统。所有访客进入之前都必须按下对讲按钮。这个按钮最初的设计是要连接到固定电话线路的，而固话线路在这座楼里根本不存在。后来系统被重新配置，信号将被转发到居民的手机上，可这么做还是没有用，因为大楼内没有任何一个居民能收到移动信号。其后果可想而知：

- 比萨外卖小哥到达大门口。你却根本无从知晓有人在公寓大门外。比萨随后被退回，再无人享用（至少你没有）。
- 网店商家发来一个包裹。你迫不及待想要拿到手的那盏熔岩灯需要你签收，却自此再没有被摆上你的书架。
- 你约会的人来接你。他/她以为自己被你放了鸽子，因为你不接对讲机，你的手机又直接把对方电话转至语音信箱。
- 你的奶奶来看望你。她站在门口心里直嘀咕，什么样的忘恩负义的孙子会让一位老太太站在大门外受冻。

如果说接待来访客人和接收快递方面让人头疼，那么没有移动网络则意味着居民们的电话无法打出去。突发心血管疾病了？那就手里拿着手机，奋力爬到大楼外面，然后拨打紧急服务电话吧。

于是就有了前面提到的集体诉讼。

以上是背景故事，现在让我们切入变革这一主题。此刻亚当·鲁比（Adam Rubey）和查德·巴拉德（Chad Ballard）闪亮登场。他们专门为高端住宅提供自动化、照明和音频服务。那位投资商客户请求他们接手这一颇有难度的项目并提出解决方案，只是这与他们的专长相去较远，因为他们更习惯于对单户住宅进行配置，而对这座公寓楼老旧（且无用）的系统却并不熟悉。最后，亚当和查德决定跳下“瀑布”，改变其现有的业务。

首先，他们尝试了许多可用的现成产品，但都失败了。紧接着他们又尝试了一些定制的解决方案，但也都没能成功。经过无数次的反复试验和多次的失败之后，他们终于通过将自己在工程方面的专业技能与熟悉的硬件相结合，自创出一套解决方案，并研制出一套有效的配置方法。问题解决了！居民们现在可以收到比萨了。他们可以给那位约会的对象打个电话请求对方再给自己一次机会。他们可以把寒风中伫立的奶奶接到家里了！就这样，经过一段漫长而艰难的攀登，亚当和查德终于爬上了悬崖，走出了低谷，挽救了局面。居民们高兴了，投资商也高兴了，官司也就不复存在了。故事完结了。

或者至少是可以完结了。

亚当和查德成功登顶，此时就算一切恢复如初，回到原来的样子，他们也能感到心满意足了。但是与之相反，就像寓言中那个思考“还有没有别的办法”的“最简化”一样，他们变得愈加好奇。他们开始思考会不会有其他商业大楼的业主也面临着类似的问题，因而可以利用他们刚刚获得的专业技能。事实证明，确实有这样的需求。不久之后，光明实验室公司诞生了。该公司致力于各种商业建筑通讯线路的改造，使其适合手机的使用。查德和亚当利用他们新获得的“变革肌肉”去尝试新事物——好奇、探索、创新。和寓言中的船员们一样，他们看到自己的“成果号”正冉冉升起，朝着一个新的、令人兴奋的方向飞去。

如此积极的结果并没有令我们感到惊讶，因为查德和亚当的成功几乎是寓言故事里船长和船员们将不确定性转变为机遇的过程的翻版。接下来，我们将向您介绍“五种应对变革的常见反应”以及“变革模型”，并借此对这一话题展开进一步的探讨。

五种应对变革的常见反应

面对变革，人们会做出以下五种常见的反应：

- 快速行动（敢于求新，勇于求变）
- 尽量不变（尽可能减少改变）
- 静观其变
- 抵制不变
- 退出回避

你或许已经注意到，这些正呼应了前文所讲的寓言故事里船员们的名字。尽管人们倾向于给这些反应贴上“好”或“坏”的标签，但事实上每一种反应都有各自的长处和短处。不存在唯一“最佳”的面对变革时的反应——一切皆应视具体情况而论。就连退出回避从本质上讲都不能说是错误的选择——有些变化“瀑布”下面的水潭可能很浅，而且四周布满犬牙交错的岩石，所以在此情况下跳下船游向岸边或许是正确的选择（尽管在商业环境中，这种情况通常是例外，而不是规则）。如果领导者认为变革是一系列非黑即白的问题，并且有一套精准的规则可以遵循，那么这种想法就是错误的。变革所固有的复杂性要求我们既要采取谨慎周密的态度，还要有沉着稳重、技艺高超的掌舵人。

不存在唯一“最佳”的面对变革时的反应——一切皆应视具体情况而论。每一种反应在任何特定情况下都可能是正确的。

我们是如何确定五种应对变革的常见反应的

柯蒂斯·贝特曼

多年来，在为组织、领导者、团队和个人提供咨询服务，帮助他们应对变革问题的过程中，我时常发现，人们一方面会惊讶于他人面对变革时的反应，一方面又不知道该如何对待自己的反应。领导者及其团队需要一种谈论所经历的变革的工具；他们需要一种可以用来相互沟通和理解的共同的语言。

因此，基于在咨询工作中针对人们对变革的反应的观察，我们确定了几种常见的反应，并围绕这些反应创造了一种通用的、无害的语言——一种人们可以用来安全地交流其对变革的感受的语言。

尽管本书的视角主要集中在商业组织方面，但我们发现，人们面对变革时的这些常见反应也会出现在各种其他环境中，包括个人生活、家庭、体育、学术界、军队，等等。

最开始，我们的变革反应角色只有“动力”“最简化”“抗拒”和“等待”，但是几年前在一次面对五千多人的主题演讲过程中，我却发现了其中的问题。当时我要求观众起立并参与一个与变化相关的现场活动。我注意到有几个人离开了会场。

他们选择退出。

我于是意识到，“转身离开”、直截了当地拒绝参与，是对变革的另一种常见反应，而我们之前并没有把它包括在内。退出可以是，而且的确是一种时常出现的行为（“放弃”和“退出”之间的区别在于，一个人留下来但拒绝参与，而另一个则干脆离开）。这种情况在当今社会发生的频次如此之高，以至于“静退”（Quiet Quitting）一词已越来越多地出现在我们的词汇中。具体表现为，员工选择做最低限度的工作，并且对工作不做任何情感方面的投入和参与。即使是一项我们自愿发起的改变计划，哪怕是以最美好的初衷和最强烈的积极性去执行，我们也有可能会最终放弃对它的努力。（你有没有过放弃节食的经历？）因此，“退出”也就被纳入了我们的变革反应之列。说不定随着时间的推移，或许我们还会想出另一种反应。要知道我们是一家致力于变革管理的企业，而固守常态，安于现状，同样会将我们置于危险境地。

请记住，“五种应对变革的常见反应”并不是性格类型。性格类型是针对“人”做出的心理学分类或类型学，而变革反应则是一种行为描述——是在变革过程中任一点上捕捉的瞬时“快照”。我们对变革的反应是易变的，不仅受到变革本身的影响，而且还受到文化、团队互动方式、社会规范、制度标准和其他因素的影响。这些反应可以是无意识的，但是学会适应和管理这些反应则是一项重要的应变和领导能力。

固守常态，安于现状，同样会将我们置于危险境地。

深入探讨五种应对变革的常见反应

下面我们将通过逐一分析这五种变革反应的优缺点，来对它们进行更深入细致的探讨。

表2-1 五种应对变革的常见反应

快速行动

“开始行动吧！”
面对新的目标，快速行动有一种即刻行动起来的冲动。

优点	缺点
• 不会墨守成规 • 喜欢尝试新事物（通常渴望这样做） • 始终保持积极心态 • 对风险、不明朗性和不确定性有强大的耐受能力 • 能够激励他人	• 可能会行动过快 • 容易在尚未掌握“全部信息”的情况下开始行动 • 置他人于身后而不顾 • 可能会缺乏可信度 • 可能会对变革过度热情和过于情绪化

尽量不变

“直接告诉我你想要让我做什么。”
尽量不变只关注该做的事情，并且会尽可能减少变化。

优点	缺点
• 专注于必要的事情 • 避开不必要的干扰 • 对新事物全身心投入之前会对其进行测试 • 寻找能够有效达成目标的方法	• 极少做出改变因而极少从中获利 • 投入程度较低 • 给其他人的变革工作带来负担 • 可能会给人留下懒惰的印象

（续表）

静观其变

“等事情成真之后再告诉我。”

静观其变做任何事情都不会立即行动。让他们犹豫不决的原因有多种，包括想要先观望一下他人的做法，想要多花些时间获得更多信息或者可选项然后再做决定，或者因为有其他更重要的事情要做所以对此表现不积极。这些人往往有过一段可以证实自己观点的过往经历，因为他们目睹过太多的改变行动最后都以失败告终，而他们则因没有积极做出改变而成了赢家。

优点	缺点
• 能够避免风险的负面影响 • 经常会针对变革提出一些关键的问题 • 面对变革能够慎重思考而不会鲁莽行事 • 节约资源 • 不会因变革的失败而遭受重创	• 错失风险的有利面 • 适应变革的步伐较迟缓，并且总是会后人一步 • 拖慢其他人适应变革的速度 • 错失快速决策带来的机会 • 只是对外部事件做出反应而不会主动出击

抵制不变

“我们干吗要做这件事？”

抵制不变不喜欢变革，并且会私下或公开地试图阻挠它的发生，或者说服其他人反对这件事。

优点	缺点
• 考问变革举措背后的根本原因 • 寻求可替代方案 • 所提出的问题能够反映出潜在的障碍 • 对其他人的过度积极起到平衡作用 • 能够从其他人对变革的反应中看出潜在的问题	• 妨碍进程 • 制造冲突和/或权力斗争 • 所担忧的问题往往缺乏充分的事实依据，因而需要耗费时间和精力去处理 • 削弱团队致力于改变的士气和积极性 • 加剧恐惧和不确定性

（续表）

放弃

“这件事儿我不干！”

放弃选择且留在组织、关系或某种境况中，但会放弃和拒绝参与变革。

优点	缺点
• 起到预警信号的作用，提醒团队注意潜在的障碍 • 促使领导者提高表达的清晰度以及改善沟通方式	• 会带来干扰和不确定性 • 拖累组织发展，降低生产力 • 逐渐削弱领导力 • 对团队士气和团结产生负面影响 • 迫使他人不得不加码工作

退出

“我退出！”

退出是放弃的变体。退出会因为一次变革而选择离开团队、伴侣或者企业，另谋出路。

优点	缺点
• 领导者可以因此节省资源 • 组织中少了一个骑墙派——因为他们自动做出了选择 • 在极少数情况下，“弃船而逃”可能是正确的选择	• 会带来干扰和不确定性 • 削弱他们转身离开的团队的士气、团结和生产效率 • 迫使组织/团队不得不投入成本寻找应变方法和/或替代人选 • 迫使他人不得不加码工作 • 其他人可能会将辞职看作是一个可行的选项

船长提示

管理对变革的反应

在接下来的各个章节里，你都会看到类似这样的“船长提示”。

这部分内容属于战术性的领导力指南，用于指导你如何评估变革的重要方面，以及如何在领导团队的过程中展开与变革相关的对话。因此，我们将这部分单独列出来，以便你能够快速参阅。我们希望，在带领团队实施变革举措的过程中，你能够充分利用这些内容。

如果你能学会管理自己对变革的反应，你就能够起到榜样的作用，通过言传身教指导你的团队同样做到这一点。如果你发现自己对意外的或者不希望发生的变革产生一种不自觉的反应，你可以按照以下步骤进行调整：

1. 暂停并做深呼吸。
2. 用简短的词语描述你的想法和感受。
3. 问自己：这种反应是有助于还是阻碍我取得进步？
4. 专注于你能够掌控的方面（不仅就变化本身而言，而且包括你如何选择对变革的反应）。

变革模型

在应对变革的过程中，如果有一个模型能够让团队直观地看到他们目前所处的位置，未来想要去的方向，以及当前是否在进步，那么领导者一定会从中受益匪浅。无论是何种原因引起的变革——自我引导的，环境迫使的，抑或是组织发起的——我们的“变革模型”都可以用来评估你是否有足够的能力和耐力做出改变，以及你的努力是否会带来积极的投资回报率。

前面讲述的寓言故事“谁摇晃了船”可以作为这一模型的叙事形式，展示出个人和组织所经历的一致的和可预测的变革模式。我们已经在世界各地的组织内部“实地考察”了该变革模型，并验证了它作为变化的预测和诊断工具的有效性。同时，我们也将该变革模型反复应用到我们的个人生活中，并从中受益匪浅。

如果说一个人对变化的反应就如同瞬间的快照，那么该变革模型即是让变革举措中的任何特定时刻变得更加清晰。我们还可以进一步将其用作展示前进道路的路线图：为重要决策提前做准备，接纳新的行为，以及构建一条创新之路。

克里斯蒂·菲利普斯

谈变革模型的必要性

针对有关变化的学术论文的搜索结果显示，在过去10年中已发表了近百万篇相关文章。作为一个以变革管理为职业的人，我至少教授和实施了四个有关变革的基本准则，并在攻读人力资源博士学位的过程中研究了其中的大部分准则。我发现这些准则中的某些内容很有用，尤其是其中的对变化的情绪反应的理解（感谢伊丽莎白·库伯勒-罗斯），确定明确步骤的必要性[感谢约翰·科特（John Kotter）]，以及学习如何了解现有因素（感谢麦肯锡公司）。然而职场正在发生变化。随着我们的工作和社会环境转向利用同理心以及建立敏捷团队和协作文化，我们需要了解围绕人所发生的事情，而不仅仅是了解变革本身。这正是我的朋友柯蒂斯·贝特曼在构建变革模型时的出发点。

在开发变革模型的过程中，我们首先将一个在组织层面的变革中反复出现的模式拿来与客户探讨。然后再将该模式放在其他客户那里加以测试："这一步骤是否合理？是否与你们的经验相符？"如果某个步骤符合客户的经验，那么这一条就会被选定。如果他们说不符合，就对其加以修改。经过几年时间的反复试验，该变革模型才被最终确定下来。以众多个人和组织的变革经历为基础，四个不同的区域随着时间的推移逐渐浮出水面。这些区域可以让所有受众清晰地定位其在变革过程中所处的位置，然后判断出常见的变革反应形式以及提高应变成功概率的行动步骤。

变革要求人们必须耐心地梳理出自身与当前变化有关的经验和信念。优秀的领导者能够有意识地引导团队成员，帮助他们弄清楚并解决这个问题，而这正是变革"管理"的内容。然而你并不需要去完成为期一周的资格课程或是取得一个博士学位才能做好这件事。你只要接着读下去。我认为这个变革模型——我的新宠——是迄今为止最好的……

正如一个人对变化的反应是一个瞬间的快照一样，变革模型在一个变革计划的任何给定时刻都能增加清晰度。我们可以进一步利用它作为地图来绘制前进的道路：预测关键决策，采用新的行为，并建立通往创新的道路。

时间和结果

下图展示的是构成该模型的x轴（时间）和y轴（结果）。

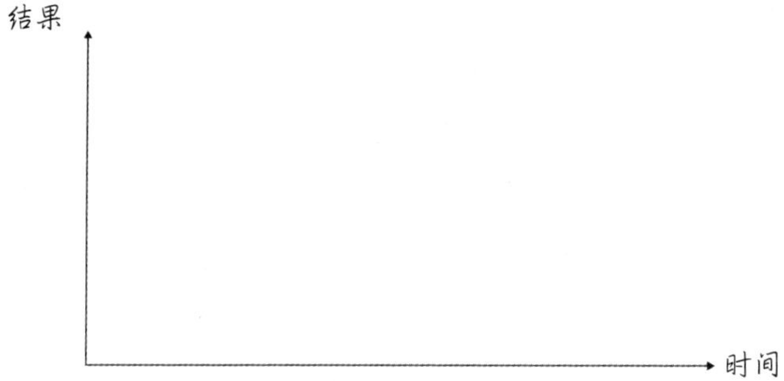

图 2–1 变革模型的 X 轴和 Y 轴

该变革模型体现的是我们在不同时间点上所取得的结果。领导者们往往倾向于认为所谓结果只是财务方面的收益，但实际上任何受变化影响的因素都属于“结果”的范畴，包括：士气、技能、信心、生产能力、敬业度、上市时间、健康状况、领导者与员工的关系等。

在最初阶段，我们会看到这些结果前后几乎没有变化，尽管有时也是难以预测的。这在我们的寓言故事中就是“这条河的‘常态’”那部分。“‘成果号’正以缓慢而平稳的速度行驶。所有人都以为这次出航会很顺利——航道平缓，风景宜人，碧空如洗，令人心旷神怡。”

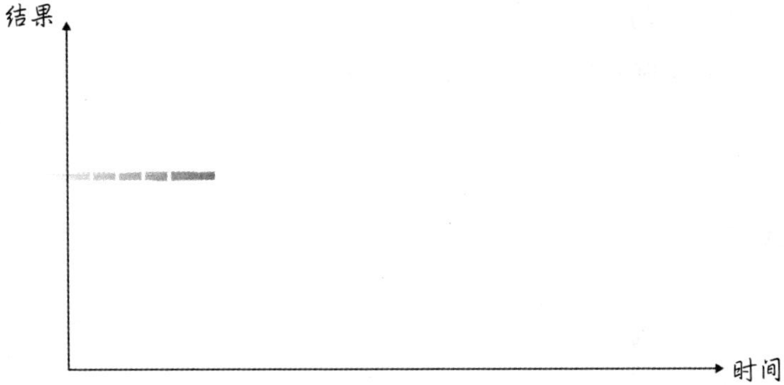

图 2-2 这条河的“常态”

紧接着，变化出现了，“结果”也遭受重创。“接近瀑布顶端的悬崖时，轮船开始剧烈颠簸，船身开始倾斜。咆哮的瀑布、飞溅的水花、呼啸的疾风将船员们淹没其中。当船体猛然跌落悬崖的那一刻，每个人都经历着一场剧烈的情绪波动。”

在经历变化的过程中，领导者的目标之一就是缩短首次出现的紧张情绪的持续时间，限制其对结果的负面影响。

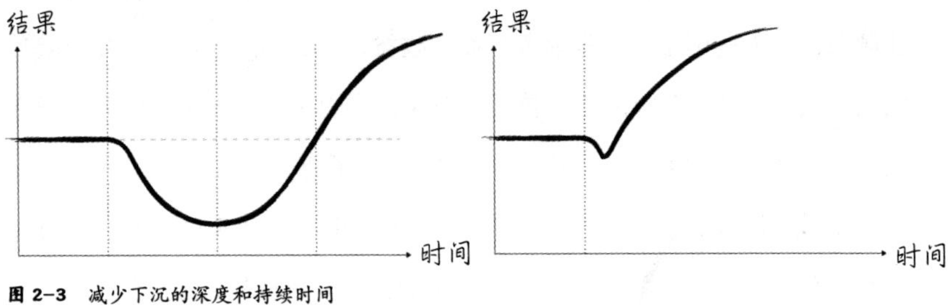

图 2-3 减少下沉的深度和持续时间

接下来就进入决定全力以赴的阶段了。此时，领导者和团队成员们竭尽全力向上攀登，想要回到变化发生之前的水平。正如在“谁摇晃了船”

中的那位船长所说的："瀑布严重损毁了我们的轮船，船员们也都伤得不轻。现在，我们必须齐心协力，以期重返航道。"

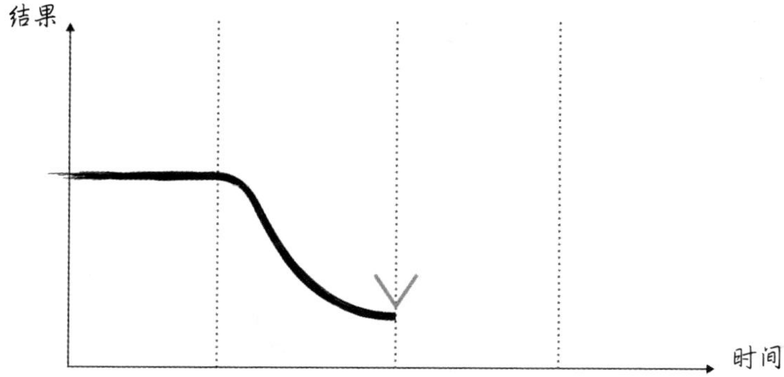

图 2-4 决定全力以赴应对变化

爬出低谷是件艰难的事，它要求我们去尝试新事物，忍受挫折，还要坚持不懈地努力。在这则寓言中，船长和船员们发现"攀爬悬崖的难度远远超出了船长的预期。但船员们自始至终齐心协力。一步步，一寸寸，他们终于成功走出了困境"。

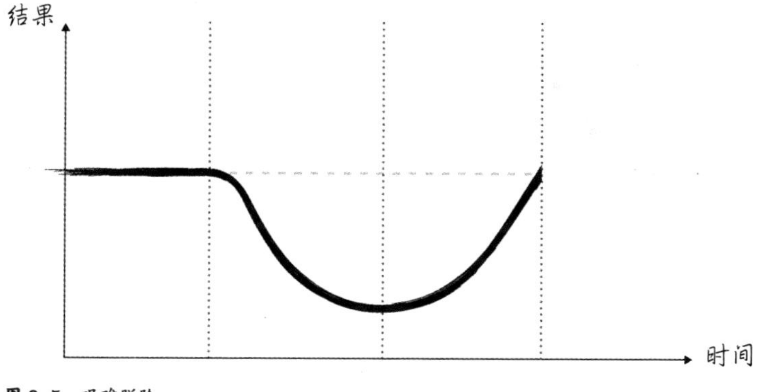

图 2-5 艰难脱险

变革发生的过程也可能会带来独特的创新机会，而创新则会产生比之前更精彩的结果。在寓言中，我们是这样描述的："一段时间之后，当夕阳西下，晚霞映红天边时，一艘新的飞艇诞生了。带着重新设计的顶篷和船帆，改装后的锅炉和重新调整的螺旋桨，这艘船终于飞上了天空。"我们特意用"飞上天空"这个意象来表现"成果号"的腾空而起，而其背后的原因则是船长和船员们的好奇心以及精力和时间的投入。

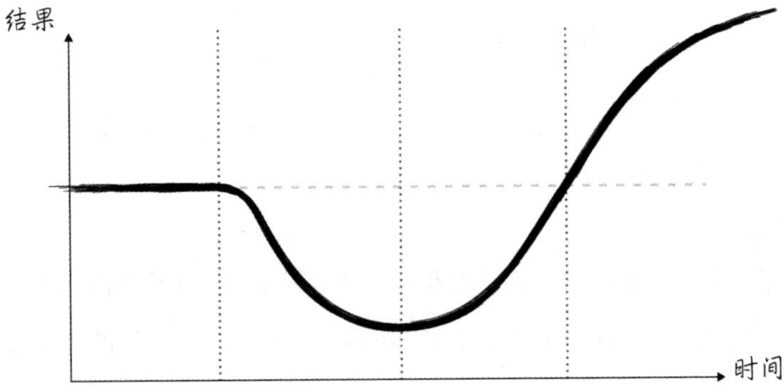

图 2-6　创新带来腾飞

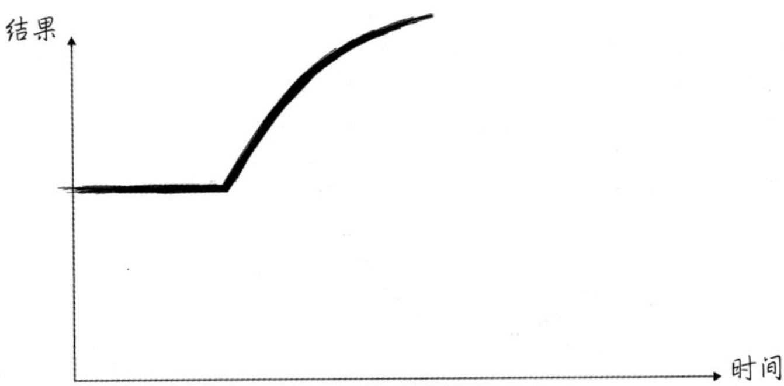

图 2-7　一路上行颇为罕见

许多领导者往往会掩耳盗铃，假装这个凹陷区不存在。他们认为自己的变革举措只会沿着上行趋势发展。当然，偶然的运气总是会存在，变革会产生短期的效果，但是依赖一个异常值作为有效的应变策略则未免太过天真了。

四大区域

建立了x轴（时间）和y轴（结果）坐标系之后，接下来我们要在此基础上添加四个不同的区域：

- 维持现状区
- 破坏区
- 接纳区
- 创新区

变革模型

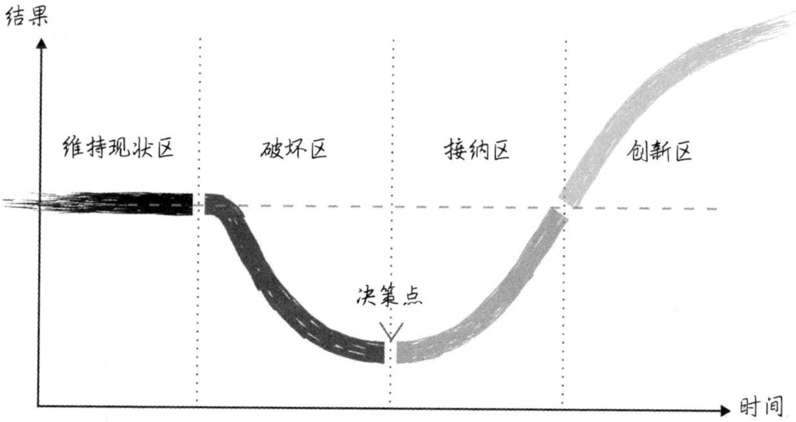

图 2-8　变革模型

在“谁摇晃了船”这则寓言故事中，这四个区域分别对应的是这条河的现状、瀑布带来的破坏、攀登悬崖和经过反复试错后接纳新的策略，以及最后的创新成果——一艘新的“飞艇”。在后续章节中，我们将逐一对这四个区域进行详细深入的讲解。在此之前，先让我们简明扼要地分别加以概述。

维持现状区（第五章）

变革模型

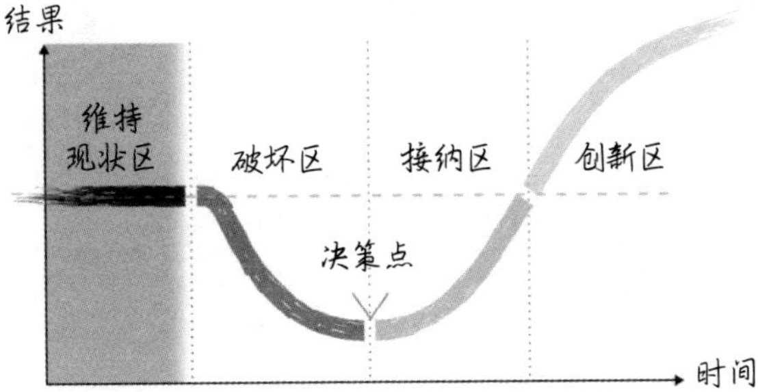

图 2-9　维持现状区

维持现状区是指在变革发生之前的状况。在此阶段，人们按部就班，一切如常。尽管日常工作繁忙，压力也很大，但毕竟都还是熟悉的。脱离既定规则行事会是件不容易的事。

关键能力：准备

最能够成功应对变革的人懂得未雨绸缪。他们不喜欢竭力躲避问题，也不会消极地坐等事情的发生。当变革来临之时——无论是自主发起的还是外界因素引起的——他们都能够更有效地应对那扑面而来的大变动。

破坏区（第六章）

最危险的事莫过于安于现状。

——鲍勃·艾格（Bob Iger），迪士尼公司首席执行官

变革模型

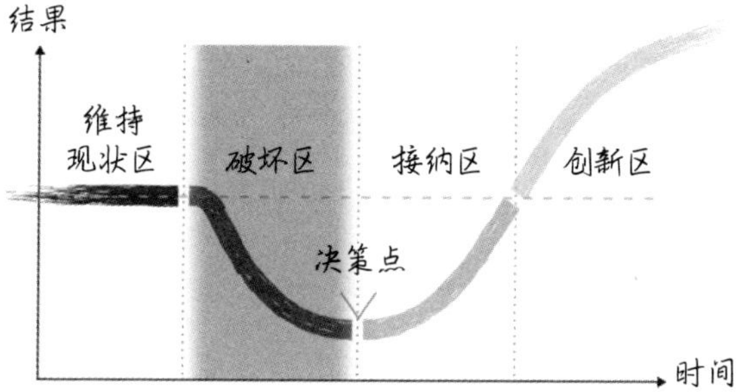

图 2-10 破坏区

当你从象征变化的瀑布悬崖边上坠落下去的时候，便是进入了破坏区。正如寓言故事中的船员们一样，当追求的结果突然一落千丈时，你会很容易陷入混乱和迷茫之中。许多你习以为常的东西都不见了，许多你日常做的事也都出了问题。

关键能力：澄清

如果不厘清变革所带来的影响，我们很可能会无法走出破坏区。此时我们最关心三个主要问题：

- 发生了什么变化？
- 为什么会变化？
- 它会对我造成什么影响？

领导者可以通过提供相关信息来抗衡因变革而产生的不安全感，帮助

团队提振信心，从而全力以赴应对变革。

决策点（第七章）

变革模型

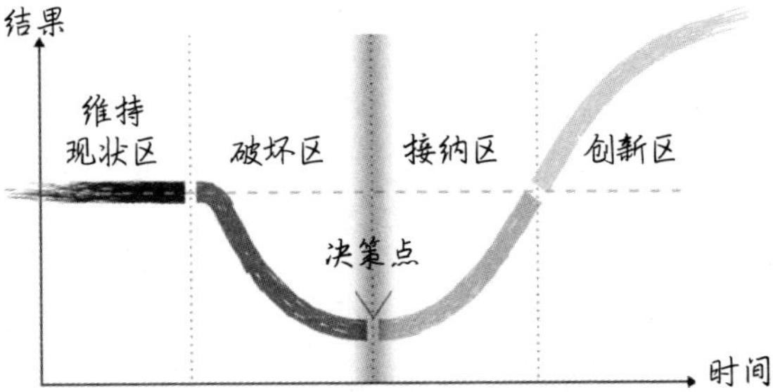

图 2–11　决策点

决策点是从破坏区转入接纳区的关键转折点。

关键能力：全力以赴

在此区域里，我们会利用在破坏区建立起的信息的明确性做出选择——是滞留在低成效、无进展的破坏区，还是采取行动、主动掌控变革。我们往往无法选择变革的降临，但我们确实可以选择如何回应变革。

接纳区（第八章）

接纳区是大多数变革努力遭遇滑铁卢的地方。但是，正如寓言故事里的船员们一样，在奋力摆脱困境的过程中，你可以学到新的东西。

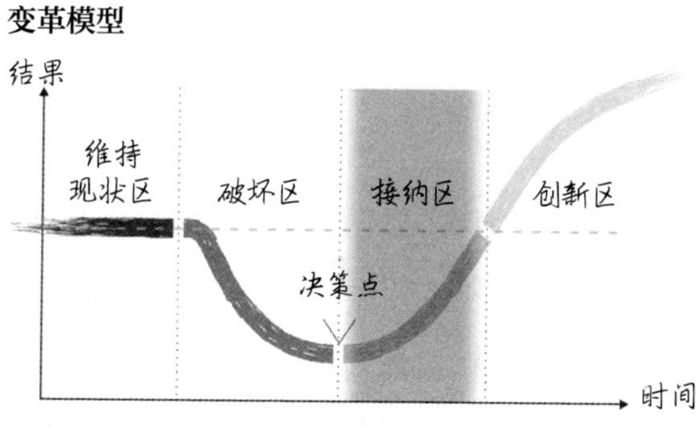

图 2-12 接纳区

关键能力：坚持

在接纳区，你很容易感到沮丧或者想要放弃。你在竭力向上攀爬的过程中不断试验新的策略，改换方式方法，转变思维方式，从失败和挫折中吸取教训。在此过程中，最重要的就是坚持。苦苦挣扎也许是无效的，是痛苦的，但也正是这个过程为之后的创新奠定了基础。

创新区（第九章）

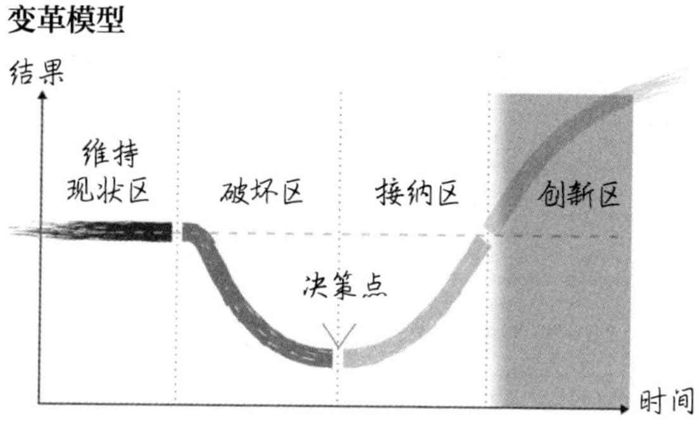

图 2-13 创新区

创新区利用你从变革中获得的经验，从而使新的行动变得轻松自然。

关键能力：探索

你已经为实现创新付出了努力，而现在是你为你和你的团队获得投资回报的时候了。在创新区，你将会探索新的思维和行为方式，检验各种假设，让好奇心在广阔的天空翱翔。当然，并非所有的变革都需要创新或者都能从创新中受益，但是变化以及利用变革模型的一个最大的好处在于你可以对有可能发生的事情做出评估，因为你已经经历了新事物，解决了重大的难题，并且对自己所做的事情有了新的观察角度。

船长提示

将变革模型介绍给团队

向团队介绍变革模型是领导者可以最先启动的事项之一。当团队成员掌握了一套共同使用的隐喻和/或术语后，就可以确保每个人在谈论变革时能够“说同一种语言”。在你本人熟悉了我们的变革模型之后，你便可以通过多种方法把它介绍给团队成员。

- 方法一：组织一次团队会议，准备一个白板（或是某种视觉呈现方式，或任何其他可以展示变革模型的方式）。然后借用本章中的内容向团队成员介绍各区域的概况。

- 方法二：组织团队集体朗诵第一章中的寓言故事“谁摇晃了船”。
    - ○ 帮助团队成员理解“五种应对变革的常见反应”，并从中找出与自己相对应的反应。记住，下列问题中的每一项都值得深入研究和讨论。切忌走马观花似地以最快的速度一项项滑过去。要耐心地花时间和团队一起对其进行认真分析，并且帮助他们把注意力放在自身的反应上，而不是去关注别人的反应。
    - ○ 询问每个团队成员：
        - ■ 你是这些船员当中的哪一个：“动力”“最简化”“等待”“抗拒”“退出/放弃”？你是在反思自己的变革反应，还是意识到了别人的反应？
        - ■ 你能否与船员当中的某些人产生更多的共鸣？你觉得自己最像哪个人？
            - □ 你的反应在哪些方面能够帮助你取得进展？
            - □ 你的反应在哪些方面会阻碍你取得进展？
            - □ 如果你的反应对你构成了障碍，你应该对自己的反应作何改变？
        - ■ 船长和船员之间的关系在哪些方面促成了变革的成功（或者减损了其成功的机会）？
        - ■ 对变化的反应可能不止寓言故事中提及的这最常见的五种。除此之外还有哪种类型能代表你或者是你认识的某个人在面对变革时的反应？（例如，反叛：这类人仿佛随时会抓起一支火把，将变革举措焚烧殆尽；恐惧：这些人满脑子的消极思想，时常惶恐不安，而且还会抓住一切机会将其传播给别人；矛盾：这种人不清楚或者无法决定应该走哪一条路；等等。）

- 在借助寓言故事对团队成员的变革反应进行一番探查之后，利用“方法一”来展示寓言故事与变革模型之间的对应关系，并且告知团队，过几天你们将会就当前发生的变化做进一步讨论。

- 方法三：如果你们有足够的资源和兴趣，你可以为团队成员购买《谁摇晃了船》这本书。先让他们自己阅读，然后在团队会议上讨论，讲一讲书中的内容在哪些方面适用于其本人、团队和组织。因为这本书中也有对该变革模型的介绍，所以你可以让团队成员以其作为参考，来共同推进变革举措。
- 方法四：利用富兰克林柯维采用变革模型进行的个人和领导者培训。您可以访问我们的官方网站了解更多信息。

领导者如何提高变革的投资回报率

通过了解变革原理和利用变革模型，领导者可以减少变革曲线中下沉部分的幅度。他们可以减少破坏区的持续时长和影响，尽早地收获变革的益处，并且开始为下一个难以避免的变革做好准备。

作为领导者，你可以在破坏区中提供明确的信息，在接纳区中通过允许团队成员尝试新事物来克服种种障碍。这些做法可以帮助你和你的团队减少用于爬出低谷的时间（x轴）（见图2–14）。

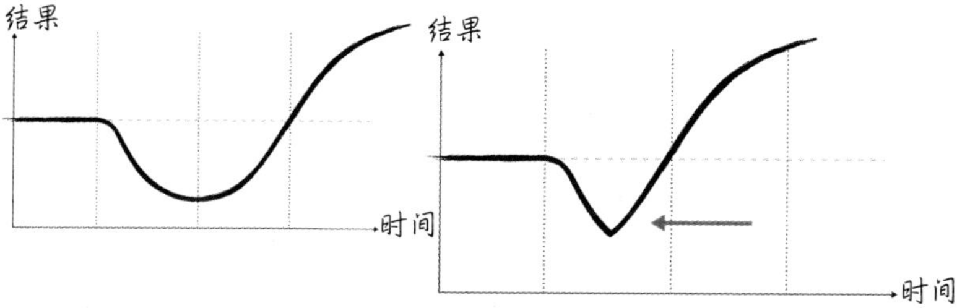

图 2–14 减少爬出低谷所用的时间

你可以通过在维持现状区帮助团队成员为变革做好准备来减少结果（y轴）的下滑程度（见图2–15）。团队成员对即将到来的变革了解得越多，准备得越充分，变革发生时对结果的影响就越小。

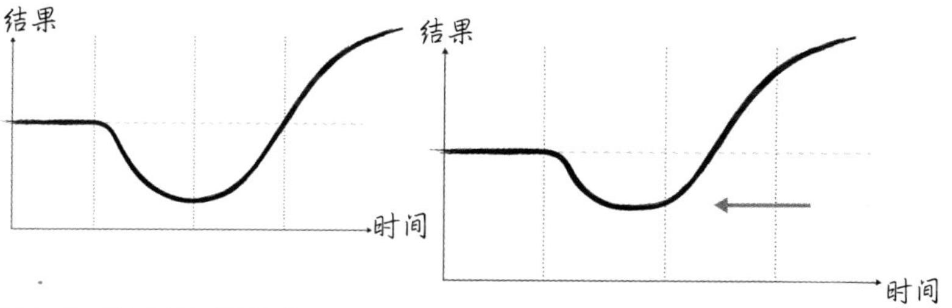

图 2–15 减少结果的下滑程度

结果（y轴）方向上的下沉曲线难道不会消失吗？不会。只要有变化，就几乎总是会对结果产生影响。但是一位高效的领导者可以帮助团队减少下沉区段的持续时间和深度。而一旦你减少了下沉区段的持续时间和深度，就意味着你可以降低变革的成本，并且能够更快地实现期待中的结果。

变革中船长的职责

在“谁摇晃了船”故事中，船长带领船员们战胜了种种艰难险阻。在船长的帮助下，船员们不再面对着自己无法掌控的事情哀叹抱怨，而是把注意力转向他们有能力影响的事情以及如何团结一致的方向上。船长让我们看到，要想成功领导变革，最重要的是回答这样一个问题：我怎样才能帮助团队在此取得成功？而不是发号施令，或者干脆撒手让成员们自己解决问题。

要想成功领导变革，最重要的是回答这样一个问题：我怎样才能帮助团队在此取得成功？

船长提示

引导团队在变革中寻找定位

领导者们认识到，身处变化之中的人需要一个调整自己以适应新现实的机会。如果他们能够拥有用来认真思考自己在变革中的角色的空间，这对他们来说将是一件很有益的事。

你可以通过询问以下问题来帮助你或者你的团队成员实现这一自我定位：

- 你目前处在变革的哪个区域？如果你或团队成员对某个问题的回答是“是”，则可以转入下一个问题。你回答的第一个“不是”便会告诉你你目前处在哪个变革区域。
    - 我们是否处于维持现状区：变革是否已经开始？
    - 我们是否处于破坏区：你是否清楚哪里发生了变革以及为什么发生变革？变革对你意味着什么（对工作、责任、个人生活等方面的影响）？
    - 我们是否处于接纳区：你是否达到了针对变革制定的目标？
    - 我们是否处于创新区：你是否最大限度地利用了变革？除了预期结果之外，你是否还能看到变革所带来的机会？

如果变革之大令人难以承受，你可以询问团队成员下列问题：

- 变革超出你的控制范围会怎样？
- 哪些方面是你能够控制的？
- 变革有可能会创造哪些机会？

变革中的感受和思维模式

变革能够触发人的生理反应和习得的反应。正因为如此，变革领导者的工作就不仅仅是单纯地将“新的事物”当作一系列任务去执行。这样的领导者会错误地认为自己的首要任务是指定什么事情必须做，由谁来做以及什么时候完成，然后让团队成员承担一切责任。但是当变革涉及人的时候——尤其是对于那些意料之外或不希望发生的变化——情况要复杂得多。高效的变革领导者能够理解和同情团队成员经历变革时的感受，并且会采用必要的思维模式领导他们前进。这是两个非常重要的领域，因此我们将会分别用一个章节的内容进行讲解（第三章和第四章）。根据我们的经验，领导者们往往会忽略这些极为关键的最佳实践做法，而直接跳转至变革模型的内容中去。然而，在接下来的两章中你会发现，这项准备工作对于有效地领导变革是至关重要的。

高效的变革领导者理解和同情团队成员经历变革时的感受，并且会采取必要的思维模式领导他们前进。

第三章 How We Experience Change

变革与人的感受

如果领导者不能真正理解员工面对变革时的感受和反应，那么他们在启程之前就已经注定要失败了。举个例子，一家大型客户关系管理（CRM）公司的领导团队正为一次重大的机会感到兴奋不已。在他们看来，这是根本无须动脑筋就能看懂的机会：他们刚刚宣布要进军非同质化代币（NFT）市场，一个从曾经的无人问津飙升至估值超过400亿美元的领域。如果该公司能够从这块蛋糕中分得一块（他们自认为可以），将会开辟出一个极有价值的新的收入来源。

这是一个令人兴奋的变化，因而管理层认定他们的员工也会非常喜欢。但是当这一举措宣布后，数百名员工群起而攻之。他们抗议这种商业项目对环境的负面影响，以及NFT市场"蛮荒之地"的本质，充满了欺诈，缺乏金融监管。员工的抗议如此激烈，公司组织了倾听会，以期在更多了解员工们的忧虑之后再继续推进该计划。

这就引发了一个问题：为什么倾听会是事后才想到的，而不是作为改革进程中前期的一部分？也许是因为领导层倾向于将变革视为一个提出计划和实施管理的过程，而不是将其视为以人为本的提高参与度的机会。

通常，变革背后的驱动因素对于领导团队来说是显而易见的，甚至是令人兴奋的、合乎逻辑的和简单易懂的。然而，有70%的变革却不能达到预期结果，因此两者之间存在严重的脱节。发起变革举措的领导者与负责实施变革的人只是从不同的角度看待问题——这种脱节很可能会导致变革计划在起飞之前就注定失败。

领导层容易将变革视为一个提出计划和实施管理的过程，而不是将其视为以人为本的提高参与度的机会。

然而，通过增强对人在经历变化时的感受的理解，引导他们化解情绪化的反应，并鼓励他们把关注点放在自己能掌控的事情以及需要努力争取的新的结果上，你可以极大地提高成功的概率。

变化过程中的人脑

想一想我们在面对变化时的常见感受：通常会是忧虑、恐惧、焦虑、紧张、惶恐等交织在一起。当然，我们不能一概而论。有些变化很可能是机缘巧合的、令人惊喜的，也是人们期望的。但是，作为人类，我们会本能地将变化视作对生存的威胁而做出相应反应。不过话又说回来了，没有改变，就没有成长。我们曾为参加应变课程学习的学员展示过一个小视频。通过这个视频，我们讲述了大脑在面对改变时是如何工作的。

大脑利用两个部分不断地搜查威胁的存在：行动部分和反应部分。行动部分是人的思考大脑，能够有意识并且有目的地做出反应，负责规划和准备工作。正是这里让我们能够有效地工作。生存大脑则是做出无意识的反应。这种本能反应是为了确保我们的安全和生存，但如果不加以控制，很可能会造成严重破坏。

坏消息是：任何变化，无论大小，都可能预示着威胁。一旦收到警报，思考大脑和生存大脑都会专注于如何对付威胁，让我们重返安全区。而这种反应却限制了我们寻找有效解决方案的能力。

好消息是：大脑可以利用模式和惯例来最大限度地减少不确定性。例如，一旦掌握了开车的模式，我们就不用再去思考它；我们的本能会在对的时刻挺身而出保护我们。

尽管变化让人感觉难以对付，但还是存在一个有规律可循的模式——一个可以帮助生存大脑应对变化的模式。一旦我们掌握了这一模式，我们就可以调动思考大脑了。而我们之所以能够将不确定性转化为机遇，从而最大限度地利用变化，其秘密就在于此。

尽管我们对变化的反应是先天注定的，但我们依旧渴求变化所能够带来的进步和结果，无论是个人方面的，还是组织、社群、文化、社会甚至世界范围的。了解到不同的人会从不同的角度（或者经验、范式）看待变化，这将有助于我们主动驾驭内在的不确定性，将其转化为更大的机会。应对变化不仅仅是一种领导力或者专业能力，更是一种“生活”能力。

变化是一种先天的和习得的反应

让我们进行更细致的分析，进一步扩展“恐惧”一词的定义，使其包括从“怀疑”“不安”“担忧”“焦虑”到“损伤身心的极度惊恐”。人们面对变化时的恐惧会通过多种方式表现出来，而且通常会导致我们放慢脚步，推迟计划或者寻找替代方案。

人类只有两种与生俱来的恐惧：对跌倒的恐惧和对巨响的恐惧。这就意味着除此之外的恐惧都是后天习得的。以查尔斯·舒尔茨（Charles Schulz）绘制和创作的连环漫画《花生》（*Peanuts*）中的那位顽强地与生活中令人不快的变化抗争的年轻人查理·布朗（Charlie Brown）为例。当舒尔茨于2000年去世时，《花生》已在75个国家的2500多家报纸上刊登，拥有超过3.5亿读者。书中有一个反复出现的故事：查理的朋友露西经常会主动帮忙为他持球（美式橄榄球），这样查理就可以朝着她手里的球助跑、踢球。但每次当查理跑到跟前时，她都会在最后一刻把球向后一拉，让查理踢不到球，结果仰面朝天摔倒在地上。到了第二年（这件事他们每年必做一次），露西会佯称自己变了，所以查理可以相信“这一次”肯定会踢到球。然而露西一如既往地在最后一刻把球向后一拉，于是查理再一次仰面朝天摔倒在地上。如此年复一年。

你很可能也曾与类似的变化角斗过——就好比那个“球”在最后一刻被移开，致使你仰面摔倒在地。我们都曾因变化而受伤，因变化而失望，甚至可能因变化而身处窘境。我们也曾因变化而在事业、目标和人际关系方面遭受挫折。无论是我们的生物特性还是我们的人生经验都强化了这样一个信念：变化会带来巨大的风险。难怪当某项变革举措宣布时，你的团队成员可能会有和查理·布朗同样的感受，甚至会将你看作随时会将球突然从下面抽走的露西！事实是，无论你怎样明确强调那个变化之球就在那里等着他们去踢，去得分，你的团队很可能还是会固守着一些非常合理的疑虑。

在我们的解决方案和本书成形之前的研究过程中，我们用了近10年的时间针对个人和领导者建立了一套组织层面的评估方法，并且采集了来自众多行业和政府实体的数据（见图3-1）。该评估方法中提出的一个问题是，他们目前所面临的变革会让组织的境况变得更好还是更糟。对此，72%的人的回答是“更糟”，而只有28%的人认为变革是积极的。

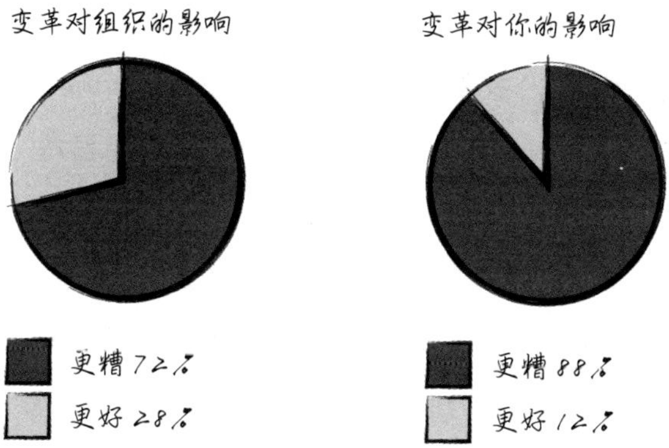

图 3-1　变革会对你和组织造成怎样的影响

其他研究也证实了我们的调查结果——不仅有超过三分之二的变革实施举措未能达到预期结果，而且这些失败很大程度上与组织如何影响对变革的态度有关。简而言之，对变化的恐惧心理很可能不会为个人或组织带来积极的结果。对于领导者来说，了解这种恐惧和抵制心理的真实存在是采取行动解决问题的第一步。通过理解和承认这些恐惧的存在，你还可以建立起更深的信任。

安迪·辛德里奇

为情绪命名的力量

曾经有一位客户对我说，她对我们即将到来的演讲感到焦虑和恐惧，我便给她上了一课。在我们谈话过程中，我向她解释说，我们的大脑对恐惧的生理状态的解读方式同它对兴奋的解读方式是一样的。为了消除焦虑，我们只需要告诉我们的大脑我们感受到的是兴奋，而不是让大脑将这种感觉当作恐惧来处理。

畅销书作家兼教授布琳·布朗（Brené Brown）是这样说的："在情感的神话里一个常为人们津津乐道的话题是，如果我们直视它的眼睛，你就会赋予它力量……而事实是，如果我们直视它的眼睛并叫它的名字，它就会赋予我们力量。"只要将恐惧重新命名为兴奋，就可以让我们的蜥蜴大脑受到控制，而让负责解决问题的大脑额叶取得控制权。一些与"战斗、逃跑或僵住"反应直接相关的化学物质同时也会对兴奋、幸福和快乐等积极情绪状态发挥作用。当我们的思考大脑告诉情感大脑说我们现在境况不错时，大脑可以迅速改变我们的情绪体验——就我们的例子而言，就是从恐惧转移到兴奋。

课程结束时，听我演讲的那位客户对我说，我的简单的建议对她的改变是天翻地覆的（就和我第一次听到它时一样）。虽然我们确实常常无法掌控即将发生的变化，但我们却可以掌控如何命名我们在变化中感受到的情绪，并将这些感受转化为对我们有利的"事实"。

领导者建立关键联结有助于提高变革的成功概率

变革可能来自各个方面：法规、法律的更新，市场变化、客户、研究、创新、战略方向的转变、新的领导层、并购，或者旨在提高组织业绩的任何其他举措。有时这些变化来自外部，有时则是内部的（例如领导者决定推行其自主发起的某项变革）。

无论变革的来源如何，我们在变革工作中一次又一次体验到的一个基本原则是：变革的成功在于人。因此，领导者的角色是在变革源头和实施变革的人之间建立联系。

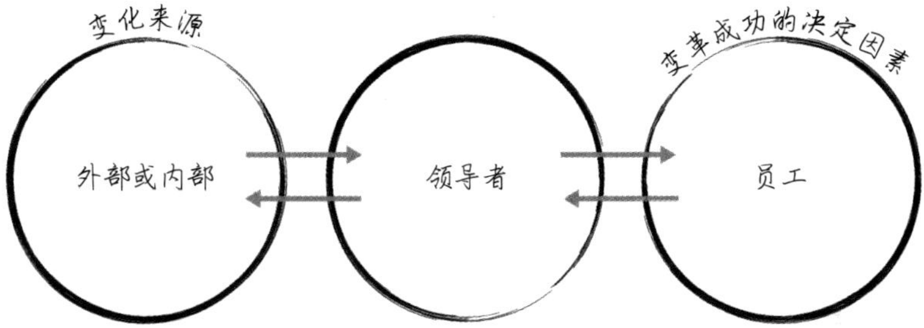

图 3–2　领导者起到联结作用

需要注意的是，上图中的箭头是双向的。许多负责实施变革的领导者通常只看到位于上面的从左向右的箭头：一项变革举措启动，领导者宣布预期目标，员工开始投入工作。而高效的变革领导者则会采取较为动态的、灵活的态度，原因在于他们能够：

◆ 认识到领导者，无论是正式的还是非正式的，都有责任启动变革。

◆ 同时注意到战略性和战术性两种观点，并且在两者之间建立起必要的联结。

◆ 向高层领导反馈重要信息，因为他们清楚实施变革的日常现实会推翻一个又一个的假设，会造成执行方面的缺陷，会迫使高层领导者不止一次地重新审视他们的方法。

◆ 明白试图依照有缺陷的策略执行注定会失败。

◆ 通过与团队成员“打成一片”来赢得他们的信任，而不仅仅是简单地重复变革发起者的话。

- 为试错失败营造安全氛围，将挫败转化为学习的机会。
- 实时调整以适应变化的环境，建立协作机制，实行所有权共享和责任分担，并自始至终鼓励高水平的参与度。
- 时刻不忘，只有当员工改变时，组织才能实现变革。

船长提示

变革中重要关联性的发现与沟通

通过对以下问题的提问和回答，发现存在于你、你的团队和组织之间的重要关联性，并且对此进行有效沟通：

所有人都必须能够回答的三个问题：

- 发生了什么变化？
- 为什么会发生这一变化？
- 这对我作为个体意味着什么？

接下来，如果有必要，可以通过询问以下问题来进一步扩展前三个问题：

- 这一变革与组织的战略之间存在哪些关联？与团队的方向或当前的举措之间存在哪些关联？
- 什么人更愿意看到这种变革？
- 你或组织期望从变革中获得哪些短期和长期利益？

- 这项变革会如何影响团队以往习以为常的策略、任务或流程？这一变化会带来哪些挑战？

- 变革失败的代价会是什么（例如，信任度下降，营业额下滑，敬业度降低，客户满意度下降，市场份额丧失，人员变更，压力增加，健康问题）？

- 作为领导者，我是否支持该项变革？如果答案是否定的，我能否向我的领导者表达我的担忧，同时又能暂且搁置难以释怀的不同意见，努力和组织的变革举措保持一致？

在与领导者沟通关于团队所面临的障碍时，思考以下问题：

- 影响变革成功实施的障碍是属于什么性质的？

- 对于这些障碍我的领导者可能存在哪些盲点？

- 我应该如何帮助我的领导者更好地看清和理解这些障碍？

- 战术信息提供多少才算适度？哪些东西可能会浪费领导者的时间或者引发微观管理？

在传达你的领导者对团队面临的障碍的看法时，思考如下问题：

- 我的团队对于来自高层和/或变革执行发起人的建议会提出哪些反对意见？

- 我的团队在哪些方面还存在认识上的盲区有待我去填补，以便帮助他们弄清楚问题？

- 我是否能够将组织的价值观和变革战略精准地传达给在战术上负责实施该项变革的人员？

- 我是否准备好并愿意将团队成员的关注点从他们无法控制的事情转移到他们可以控制的事情上去?

变化会产生摩擦

如果火柴和划火柴的表面以同样的速度、同样的距离同时朝同一个方向移动，那么什么都不会发生。但是如果这根火柴头朝一个方向快速移动而划火柴的表面保持不动，就会产生阻力，进而产生摩擦并且擦出火来。

你和你的团队可能会对某项变革并不认可，实际上就是，你们朝一个方向移动，而变革朝另一个方向移动。很显然这会让你们感到不快。就像那根火柴一样，你迟早会因此变得“发热”，甚至很可能会引燃怒火。此刻你的言语会表现为：

“这个改变真是太愚蠢了！我们为什么要这么做？”

“之前的做法有什么问题吗？”

“这可不是我原本想要做的事！”

每个火柴头里都包含着各种各样的化学物质，比如三硫化二锑、氯酸钾等。而事实上，人类在很大程度上也是如此。每个人也都有自己的一系列化学物质，其中包括皮质醇、谷氨酸、多巴胺、催产素和血清素。就像火柴头一样，这些影响人类情绪的化学物质在适当的“摩擦”的作用下就会被“点燃”——而这正是那些我们不希望见到的和意料之外的变化所引发的效果。

举个例子，假设你们正在针对公司的某个产品实施一项重大改革。为了按计划完成任务，你的产品开发团队不得不连续几个周末在办公室里加班。既然人们普遍认为大多数人更喜欢在家里而不是在办公室里过周末，那么周末加班这件事就会造成摩擦。那么，作为领导者，你应该怎么做才能够减少摩擦和平息怒火于未然呢？以下四个步骤值得考虑：

- 请记住变革关系到的是人。思考一下你的员工因此而受到的影响：错过孩子的足球比赛，推迟与朋友的计划，不得不找人看孩子，通勤费用增加，等等。用一颗真诚的同理心去理解你的团队，这会有助于你获得更为真实的沟通，并且更有实效地领导变革。

- 阐明变革的理由。从整体的角度阐述为什么变革的势在必行足以让短期内的混乱值得忍耐。

- 尽可能高效地处理额外的工作，以尽量减少所需的时间。帮助每个人准确理解自己的任务，并确保他们拥有所需的工具和资源。尽可能提前做到有条理有效率，以使额外的时间投入产生尽可能高的回报率。

- 在团队面前以身作则，要求别人做到的，你自己要先做到。这或许意味着你要卷起袖子和团队成员一起周末加班（哪怕不是十分必要）。表现出对团队和变革的尽心竭力有助于取得领导力的双赢。

如果认为那些由意外的或者不希望看到的变化带来的摩擦是完全可以被消除的，那就太天真了。但如果你能够减慢它的速度和/或消除一些阻力，那么你可以防止因摩擦而导致的问题的进一步激化。

船长提示

通过建立人与人之间的真实联结减少摩擦

富兰克林柯维的“无意识的偏见”培训课程传授了一个与他人建立真实联结的技巧。由于意料之外或者不希望发生的变化势必会带来摩擦，因此使用这一方法有助于加强与团队成员以及其他利益相关者之间的联系。在反思团队以及目前正在经历的变化的性质时，下面这些话或许会对你有所帮助：

- 如果你既没有同理心也没有好奇心，你就不可能与他人建立起任何真实的联结——你无法了解对方，也无法理解他们的处境。你们之间不存在沟通。

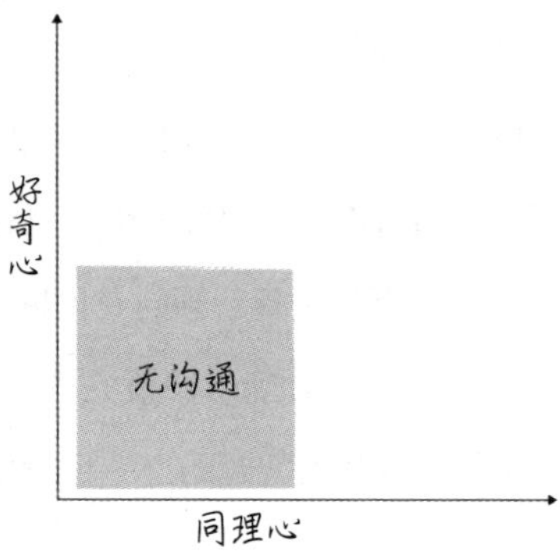

图 3-3 低好奇心；低同理心

- 如果你没有同理心，但却有高度的好奇心，那么你们可能会建立起一种认知上的交流，却无法理解你与之交谈的人的人性的一面。反过来，假如你是那个被询问的人，那么如果对方处理不当，你很可能会感觉自己是在被对方审问。

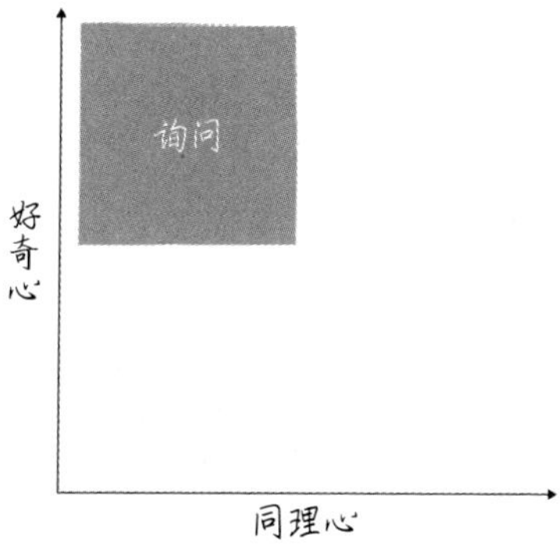

图 3-4　高好奇心；低同理心

- 如果你具有高度同理心却没有任何好奇心，那么你当属于右

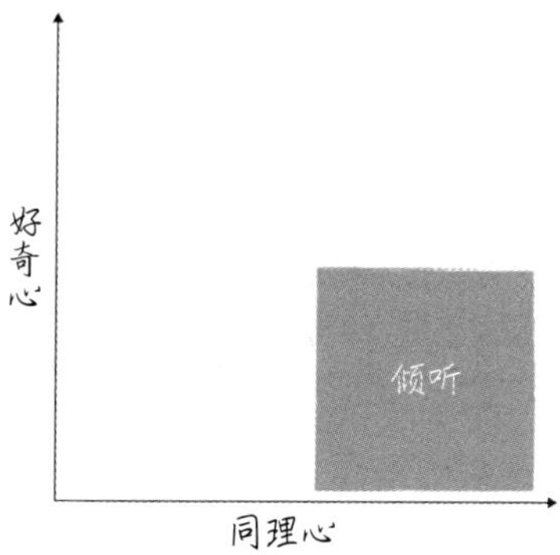

图 3-5　低好奇心；高同理心

下方的“倾听”类型。就是说，你能够在情感层面上与人交往，但你可能无法对所发生的事情做出理性的判断。你懂得同情，但却并没有真正了解对方乃至你自己。

- 当你同时具备高度的同理心和好奇心时，你就会与他人建立起真实的联结。你超越了自己的偏见和偏好，并对其他看待世界的方式以及其他选择或想法持开放态度。同理心和好奇心相互促进，从而建立人与人之间的联结。

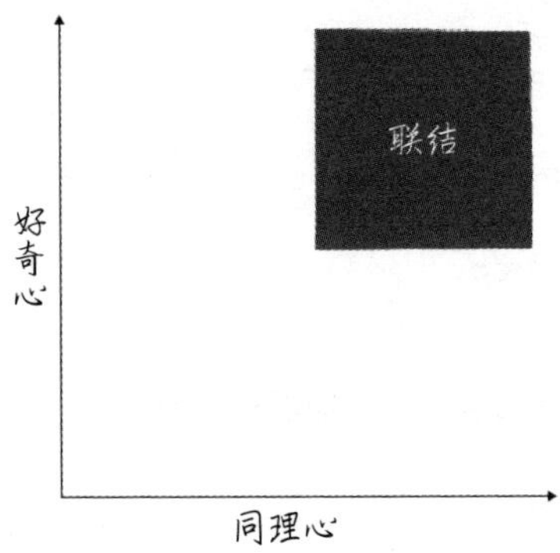

图 3-6 高好奇心；高同理心

如果只有高度的同理心，则意味着对他人的过度关注；如果只有高度的好奇心，则意味着一个人对自己及对信息的需求的过度关注。当我们将高度同理心与高度好奇心结合在一起时，就能够建立起有意义的人与人之间的联结。

作为变革领导者，你需要做以下几项工作：

1. 列出你认为你们之间能够真实交流的团队成员名单。
2. 列出你可能对其缺乏同理心的团队成员名单。

   在下一次一对一的谈话中，提出开放式问题并且有意识地倾听他们的意见。采用80/20原则（80%的时间用来倾听，20%的时间用来说话）。将这种有意识的倾听融入到你们之间的其他互动中，以加强你们之间的关系。
3. 列出你可能对其缺乏好奇心的团队成员名单。

   在下一次一对一的谈话中，提出开放式问题，并且在谈话过程中自然而然地表现出你真正想要深入了解的好奇心。对方可能需要一些时间才能真正敞开心扉，这要看你们之间的信任程度。切忌对他们不断提问，而是要在适度感和好奇心之间取得平衡。
4. 如果你与某人之间的关系已经变得疏远，那么你很可能需要花些时间既要有意识地表现出好奇心，又要有意识地表现出同理心，以求重建关系。这或许很难做到，但如果不加以解决，那么因此而产生的缺乏真诚和信任很可能会无形中破坏你的变革工作。毕竟，变革的核心始终是以人为本。

从克服自身对变化的抗拒中参悟领导力

玛琪·普莱谢特

抗拒变化是人类的天性，而这种抗拒心理在群体环境中会变得难以消解。幸运的是，当群体中的其他人对变化心存芥蒂的时候，领导者却可以帮助个体（以及整个群体）扫除障碍，让工作过程变得更愉快。

几年前，我本人就曾有抗拒变化的心理体验。当时，我们公司更新了员工报销系统，而我本能地不愿接受这一改变。我对在原有系统上提交各项开销，无论从方法上还是时间上，都刚刚开始感到相对得心应手，所以我对于换用新系统根本不感兴趣。我的内心充满了抗拒。结果证明，新的平台需要额外的步骤和流程，不仅感觉别扭，而且还要使用一些我不熟悉的术语。每次遇到同事，我们闲聊的话题中便总是会出现这个新系统。有些人和我有深刻共鸣，而有些人则委婉地表示他们觉得新系统远比想象中的容易得多。

一个月过去了，我却连一份费用报告都没有提交。我对新系统的抗拒心理阻碍了我去充分利用公司提供的帮助工具和操作指南，甚至连打开这些支持工具都感觉不方便。很快，我便不断收到指出我对使用新系统态度不积极的短信（更不用说我个人信用卡上所承担的公司债务了！）。起初，他们只是友好地提醒我提交报告。到后来我开始受到相对严厉的督促，说我耽误了收入流，因为只有在所有相关费用完成提交之后，才能将发票发送给客户。是的，由于我对变化的抗拒，我变成了整个公司都在使用的系统中一个断开的环节！

你可能会认为，总计数千美元的报销金额或许应该值得我努力做出改变，因为我显然是在拒绝把钱还给自己！但即便如此，我仍然难以战胜内心对变化的抗拒。

最终，我接受了新系统终将取代旧系统的现实。这件事情不会改变，所以需要改变的应该是我。为此我需要成长，而这一成长单凭熟悉新的报销流程是远远不够的，还需要我围绕着针对变化的观点不断成长。意识到我自身正是我所感受到的摩擦的根源，这促使我更深刻地审视自己的内心。我知道我比我表现出来的更敬业，拥有一个更善于学习和领悟的头脑，并且在努力成为一个更负责任的人。我接受了这样的事实：我对新的流程持悲观态度，我没有费心去理解那些支持变革的人，也没有积极与之产生共鸣，我之所以宁愿推迟攻克学习新平台的难关是因为我对熟悉事物的偏爱。有了这些认识之后，对于拒绝那些支持抗拒的观点进而减少我所感受到的摩擦，我也拥有了选择的能力。

我最终选择了改变我的想法。

我花了好大功夫进入门户系统，然后一口气完成了十多笔报销的提交。整个过程花了我很长时间，而且由于我自己造成的任务积压，让这件事更是难上加难。而来自领导层的帮助也正是在此处发挥了作用。在知其然更知其所以然之后，整个转变对我来说就变得合情合理了。董事总经理向我解释了该系统如何从技术上让更多单位实现了后台的互联互通，而这将有助于建立一个更加便捷的创收流程。她表示自己能够理解这一变革给许多团队成员带来的挑战，并且宽慰大家说："我保证，随着我们对系统越来越熟练，操作起来就会越来越容易，越来越快速。我知道开始的时候的确让人感到有点沮丧，但如今我们正在这些先进技术的陪伴下步入21世纪！"

顺便说一句，在那之后不久我就掌握了员工报销系统的使用。事实上，我开始亲身体验到了新系统的优势，而且跟以前的系统相比不是一般的好。如果没能战胜自己的抗拒心理，那么我将永远不会知道这一点。幸运的是，如今我能够在每次变革过程中更加轻松地转变观念，因为我学会了理解变革的价值、变革的必要性以及变革终将发生的无极现实。然而，值得一提的是，我并非单枪匹马独行在变革的旅途上，也不曾感到过羞愧尴尬。对话、尊重、理解和资源始终与我相伴。

当领导者认为变革是一种人的内在感受并且允许自己与之产生共鸣时，他们全程支持团队成员的能力就会得到释放。如果领导者想要实现既定目标，就必须将引导变革进程作为首要任务，与此同时还要有同情心。领导者是变革和成果的推动者，而让这一切发生的是人。将你自身在克服变革带来的不确定感之前的状态铭记在心，然后用心去帮助你的团队成员走出他们所经历的变化摩擦。

变革的节律

变革从来都不是件"一劳永逸"的事。我们在生活中的所有追求在某种程度上都与变革有关。变革要么是目标本身，要么是为实现目标而努力的副产品。但这并不意味着变革是没有节律的，尤其是对于出乎意料的或是由外部力量驱动的变革而言。高效的变革领导者会利用变革的节律，谨慎对待波峰“之间”的动态。

安迪·辛德里奇

冲浪与变革

夕阳西下，将余晖洒落在夏威夷岛凯卢阿-科纳附近的一个热门冲浪胜地。海岸边的熔岩平台上，两名年轻的冲浪者引起了我的注意。只见他们跳上冲浪板，跃入海浪，优雅而急切地划向迎面扑来的白色海浪。远处，四五英尺高的海浪翻滚呼啸而来。随着海浪的逼近，两个年轻人在海堤上一群青少年和成年人的欢呼声中，脚踏冲浪板潜越入混合着泡沫、沙子和强大冲击力的湍流之中，随即从海浪的另一侧钻出，然后继续努力试图越过所谓的冲击区。

在接下来的15分钟里，我看着这两个年轻的冲浪者不断重复这个过程，却无法抵达稳稳站在冲浪板上的年长些的冲浪者们的位置。看到孩子们已经没有足够的力量和耐力再去对抗汹涌的海浪，一名成年人将孩子们叫回了岸边。

当我看到这一幕时，我突然想起工作中有一个针对如何应对变革的领导力课程。有时，你会遇到一些不畏变革勇敢前行的人。他们兴奋地跳入变革的大海，却发现自己没有足够的能力到达他们想要去的地方。他们会与变革的力量和狂猛的巨浪进行无数次的搏斗，却终将变得灰心丧气，失去信心。始终没有正确掌握潜越技能的夏威夷海滩上的男孩们注定会遭受海浪的连续击打。然而，他们毫无疑问因此而更加熟悉了大海。他们从海水里走出来，虽然疲惫不堪，但却更加坚强，也更加了解自己将来需要怎么做才能成功冲过海浪。

领导者可能会犹豫是否允许缺乏经验和过于自信的人参与变革，但我认为这是错误的想法。这两名年轻的冲浪者有成人的监督，其中包括训练有素的救生员——保护措施已经到位。同样，领导者也可以发挥救生员的作用，利用他们的专业知识来监控局势和身处其中的人员。此外，对于领导者来说，重要的是要给员工一点时间让他们有机会应对变革的挑战，而不是过于急促地冲上前去救援。美国作家西蒙·斯内克（Simon Sinek）曾经说过："创新是奋斗的产物。"

领导者不仅应该密切关注员工是如何回应（和应对）变革的，而且还应该心甘情愿地与他们同舟共济，帮助他们了解正在发生的事情和原因。最好的变革领导者会为团队成员提供一个安全的空间，以便在他们应对激流和海浪的同时能够为其提供保护，让他们不会感到疲惫和沮丧，不会受到未知危险的伤害。这绝对是一种平衡术，而这也正合了那句习语："开船要趁涨潮时。"

船长提示

指导团队成员在变革的波涛中冲浪

作为领导者，与“冲浪者”一起在水中待得太久或者下水太早都会对变革的成功造成阻碍。然而仅仅在岸上大喊大叫着指导他们也会让人感觉你是在对团队进行微观管理，而这种做法与其说是在帮助他们成功，不如说是在妨碍他们取得成功。请在思考当前或即将发生的变化的同时回答以下问题：

- 我的团队是否拥有独立“冲浪”的技能？
- 哪些人是优秀的“变革”冲浪者？
    - 我目前是在岸上为他们加油还是在向他们大声指导？
- 哪些人是他们当中还在试图划过浅水区海浪的新手？
    - 我是将基本技能传授给了他们，还是不断地跳进海里以防止他们“落入水中”？

变革意味着你并不始终是船长

有些时候，领导变革并不意味着你必须身居船长的职位，甚而至于亲自手把舵轮去开船。作为领导者，你可能需要参与其他人的变革举措（无论是职业的还是个人的）。换句话说，你需要登上别人的船。

玛琪·普莱谢特

登上别人的船

变化的以人为本的特性促使我们从另外一个维度去思考，那就是我们经常会受到别人在其中的感受和经历的影响。变化是多方面、多层次的。这当中有成长和成长的痛苦，有意外消息的接收和发布，以及对思想和感情的深度处理。就其本质而言，它常常会引起恐惧和不确定性，并且几乎总是会触发一种发自本能的转变：从我们对人与环境的感受逐渐变得熟悉，转向接受所有这一切改变后的样子。我们并没有仅仅局限于对变化做出反应，而是经常受到某个内心声音的驱动，迫使我们主动接受变化——存在于个人、职业以及家庭乃至整个世界当前的状况与对更美好的事物和更美好的日子的预期之间的差异。无论发生怎样的变化，我们想要问的问题都变成了："我该如何应对其他人的变化所带来的影响？"

在"谁摇晃了船"故事中，船长向船员们发出变化即将到来的预警。当面对他人的意外变化时，我们会有一种奇怪的感觉，仿佛船长根本不存在，仿佛我们是在瀑布的边缘处才刚刚登上了船。

所以当某个外部变化将我们拉上"船"（一艘我们并没有要求要上的船，却突然发现自己身在其中，被迫与船同行）时，我们会做何反应呢？我们终究会更在意的是船上的人，而不是这艘船是否经得起风浪。

我可否建议先从多一些同理心做起？当我们摆脱内心的阻力

时，我们就可以掌控自己在变革中的角色——重点并不是变革本身，而是对于正在经历变革的人，我们能够扮演哪些支持角色。一旦你发现自己身处别人的船上，你应该考虑一下留在船上自己可以发挥怎样有用的角色，而不是跳入水中努力游向岸边。

生活中唯一不变的是变化。在所有好事和坏事中，这是我们可以不必怀疑始终会发生的一件事。毛毛虫一边思考着这个话题，一边对蝴蝶说道："你变了。"

对此，蝴蝶回答说："是的……我们注定要变。"

而对于我们……以及所有萦绕在我们头上的新生的"蝴蝶"来说也是如此。

船长提示

变革之人性的一面

让我们考察一下变革的潜在成本。在富兰克林柯维的《领导团队6关键》（*The 6 Critical Practices For Leading a Team*）一书中我们指出，在经历变革这样的紧张时期，你的团队成员会表现出如下特点：

- 抱怨自己正在经受长期压力的可能性是原来的两倍半。
- 患有身体疾病的可能性是原来的四倍。

- 寻找新工作的可能性是原来的三倍。

基于上述情况，考虑一下你本人在变革举措未能按预期进行时的感受：

- 你、你的团队以及组织为此付出了哪些代价？
- 哪些领导行为可能会无意中增加了成本？
- 你是否有过如前所述的经历（压力、身体疾病、寻找新工作）？

你从自己的变革经历中学到了哪些经验可以帮助你更好地领导他人渡过难关？

从理解变革转向采取领导力思维模式

在投入了时间和精力以便更好地理解团队在经历变革时的感受之后，现在你需要转向内在，并采取能够成功领导变革的思维模式。有意识地掌握这项技能是至关重要的，因为尽管成功穿越每个区域的策略有所不同，但起支撑作用的思维模式却根基牢固，它会为团队的成功提供必要的基础。正如我们之前提到的，领导者很容易低估这项准备工作而直接跳转至变革模型。根据我们的经验，成功的变革领导者会首先关注他们的员工，同时秉持一套有意识的思维模式——我们将在下一章中更深入地探讨这种思维模式。

第四章 The Mindset to Lead Change

领导变革的思维模式

紧急，重要，现在，迅速，交付。

今天的领导者比以往任何时候都更加忙碌。他们通常在资源和时间上都已捉襟见肘，而与此同时组织却希望新的变革能够尽快实施。我们经常会看到，当某项变革启动后领导者希望立即行动起来。他们直接跳到变革模型的中间区域，并以最快的速度完成任务。

紧迫性和速度并不是变革成功的绝佳办法。为什么？因为变革是人的事。在变革之初，对于人而言，快就是慢，慢就是快。

如果你能够考虑你和团队成员的几项基本思维模式需求，那么你领导团队完成变革的成功率将会大大提高。

帮助员工从混乱和不确定性走向秩序和可预测性

如果领导者的变革思维模式是混乱和不确定的，那么成功的概率就会大大降低。我们的变革模型框架为领导者提供了一种有序的、可预测的方式用来思考和领导变革。借助寓言故事“谁摇晃了船”中

> 该变革模型框架既可以充当指南针，用来确定当前所处的位置，又可以充当地图，以图形化的形式呈现未来趋势。

的语言，该框架既可以充当指南针，用来确定当前所处的位置，又可以充当地图，以图形化的形式呈现未来趋势。

该变革模型框架还有助于进一步引导领导者了解他们在每个区域内的责任：

- 维持现状区：帮助团队做好变革的准备。
- 破坏区：阐明变革的内容、原因和影响。
- 接纳区：激励团队坚持变革。
- 创新区：鼓励团队探索因变革而产生的新的可能性。

柯蒂斯·贝特曼

领导者需要一个用来思考和管理变革的框架

一位来自我们公司重要客户的高层管理者分享了他本人利用变革模型作为领导变革的框架的感受："这个模型真的是领导变革的最佳帮手。它所涉及的一些问题是我们根本无法预见的。从我在之前公司工作的整个期间到我在目前公司工作至今，在我所实施的所有变革项目中，这次是最令人满意的。"

你或许会认为，想要获得如此巨大的影响力，作为顾问的我们一定在这家公司投入了大量的时间，帮助他们仔细检查各项制度，提出更改建议，才能够实现上述显著的效果。然而事实上我们给予他们的东西却十分简单。在很短的时间内，我与五位高管进行了面对面交流，然后向他们介绍变革模型中的四个区域。令人印象深刻的是，他们每个人都能快速地确定自己所处的区域。

此外，这种认识还让他们了解到团队成员在其中的位置是有先后之别的：一些人会比另外一些人靠前，而且同样的情况也可能出现在组织中的其他部门。基于这种“地图”和“指南针”的视角，一套领导者用来理解变革以及引领组织前进的思维模式便最终形成了。

赢得一场变革游戏

那是1891年，詹姆斯·奈史密斯（James Naismith）面临着一项挑战：他要为一群躁动不安、不守规矩、精力旺盛的大学生上体育课。学生们刚刚结束了美式橄榄球季，而在春季运动开始之前还有一个漫长的冬天。其他老师曾试图整治一下他们被压抑的身体活动的需求——但都失败了。外面暴风雪肆虐，学生们在大厅和体育馆里打闹，这给马萨诸塞州的学校带来了一个持续存在的问题。

31岁的奈史密斯刚刚成为国际基督教青年会培训学校（后来的斯普林菲尔德学院）的一名教职员工，学校领导就派他到体育馆去建立秩序。他需要把年轻人组织成几个活动小组，将他们的精力引导到参与和健康的方向上来。

奈史密斯在研究这个课题并制订计划的过程中意识到：“问题不在于人，而在于我们目前的制度。”他需要一个更好的框架。

他想知道什么样的游戏可以在室内进行并且玩起来还很有趣。他想到了橄榄球、美式橄榄球、长曲棍球和足球，并且思考这些游戏的规则和装备，以及室内的限制条件。最后他突然想到了一个主意。他把两个篮框钉在对面的墙上，递给学生们一个足球，让他们尝试把球扔进对方的篮筐里。篮球运动就此诞生了。

但第一场比赛看起来更像是足球和拳击的混合体，球员们互相争抢，甚至互相殴打。当第一场比赛结束时（或者更确切地说是“被劝开”了），一个男孩被打昏，另一个男孩肩膀脱臼，许多人眼眶青肿，嘴角流血。

游戏需要结构。奈史密斯回到绘图板跟前，构思出了建立秩序的13条规则——一个框架。他以不仅易于理解而且具有吸引力、激励性和启发性的方式疏导学生的能量。很快，这项游戏风靡起来。篮球在当地其他学校的学生中也越来越受欢迎，然后是在全美范围内，最终扩展到全世界范围。

就像奈史密斯的篮球框架一样，变革模型可以通过易于理解、引人入胜、愿景恰当、鼓舞人心甚至是有趣的方式来疏导团队被压抑的能量。

建立变革的共同语言

在变革这件事上，常常会让人觉得似乎领导层讲的是一种语言，而组织的其他成员讲的是另一种语言。一句类似于“我们将要进行改革以提高效率”这样的话很容易被听成“公司正在试图将我的工作自动化，这样他们就可以解雇我”。而借助该框架的引导，领导者不仅可以更有意识地解释变革背后的原因，而且还可以将变革的内容和影响补充进来。这样一来，就可以防止将变革视为威胁的倾向。这种倾向会导致团队成员自行解释沟通的盲区，而且其观点很可能是晦暗的（更多内容参见第六章）。或者你也可以思考一下下面这两句的区别：“我知道目前情况是一团糟，但是我们最终会渡过难关的”和“我们目前正处于破坏区，所以我们需要做出开展下一步行动的重要决定”。

我们提出的变革模型以及对变革的各种反应提供了一种能够让团队达成一致意见的共同语言。比如你可以问一名团队成员："你认为我们目前处于哪个区域？"他们可能会说："哦，我们肯定是处于接纳区。"然后另一个人会补充道："不，我们不是在接纳区……我们还没有到达决策点。"相比于团队成员沉湎于受害者心态，或者过度关注变革的破坏以及由此引发的情绪，这种对话的效率不知要高出多少倍。

为谈论变革提供安全空间

我们已经看到太多关于变革的讨论最终演变成防御心理和相互指责。作为领导者，如果你遇到这种情况，你或许需要不断引导人员回到变革模型框架上来。如果你指着模型说"我现在感觉自己就像那位坠落到崖底之后的'动力'"，而不是说"我没耐心等着别人把事做成——好像这里除了我之外根本没人想要做出改变"，想想看，其效果会有多么不同。当团队成员指着模型框架说话时，他们并不是在互相指着对方。

作为领导者，你的目标是帮助团队成员走出自我，并且辨别出人们对变革的反应，而与此同时又不会觉得那种反应就是他们本人。

当团队成员指着模型框架说话时，他们并不是在互相指着对方。

船长提示

使用变革语言以减少交流中的防御和抵制心理

变革模型和五种应对变革的常见反应为团队提供了讨论变革的语言和框架。高效的变革领导者会鼓励就团队正在经历的变革进行开诚布公的讨论，从而减少抵制和防御心理。

1. 与团队成员一起绘制变革模型并在白板上列出对变革的不同反应。

2. 通过提出下列问题来引导讨论：

- 你认为我们当前的变革处于什么阶段？（请多个人指出他们认为自己在变革模型中处于什么位置。）
- 哪一种反应最能代表你目前的状况？（此时你可以做记录：“好，现在我看到了三位‘等待’、两位‘抗拒’、一位‘最简化’。”）
- 因为处于这个区域，我们会有哪些想法、感受和行为？

注意：作为领导者，在引导讨论时需要更精细一些，因为有时会出现重叠，比如破坏区中的感受可能与接纳区中的感受相似或相同，等等。根据我们的经验，团队成员大多都能做出正确回应，但他们不一定要百分之百掌握每个区域的特定语言。当你把团队成员召集到会议室并主持这类讨论时，一开始可能会感觉有些尴尬，但通过不断练习你会变得越来越自然。而且你可以感到欣慰的是，单纯地询问团队成员的想法、感受以及他们正在做什么非常有助于产生安全和开放的对话，而这对变革的成功是至关重要的。

克里斯蒂·菲利普斯

使用变革语言（EMR系统的采用：第一部分）

你可能还记得我在前言里介绍过，我在职业生涯的早期曾参与过一项大型的医疗健康变革计划。当我们四位作者聚在一起讨论我们打算在本书中讲述哪些不同角度的观点时，大家认为一个连续的故事可能会比较有效果。毕竟，医疗健康行业中的情况发生了巨大的变化，而且这种变化一直持续到今天。考虑到涉及的人员，新技术的整合，打破长期根深蒂固的习惯，挑战组织等级制度，以及最终对高度敏感和私人的医疗数据负责等这些因素，其复杂性和风险都很高。因此，我将会把这个故事贯穿在我的讲述中，探讨这样一个具有里程碑意义的系统性变革的特征是如何以不同的方式和不同的地点出现在变革历程中的。

我之前所就职的组织包括许多医疗机构和独立医院，而这些机构和医院都需要过渡到EMR系统。我的任务是指导医疗健康行业的领导者，并帮助他们预先认识到他们所领导的人员对变革并不是特别感兴趣。大多数人都会是这样。领导者们可能会看到变革的必要性，而且也可能会对变革感到兴奋，但这并不一定意味着他们的员工也会如此。人们处于当前的状况是有理由的，而被从那个已知的、舒适的地方（也就是我们寓言故事中“这条河的‘常态’”那一段）赶出去，这绝非是大多数人所希望的。人们几乎在任何情况下都需要经过说服才能接受变革。事实上，作为变革的领导者，这就是你的主要角色——说服你的员工。

我记得听到过这样一个故事：有一个人在一架小型飞机上发现飞行员昏倒了。这个人没有任何飞行经验，但他成功控制住了飞机，而此刻他必须弄清楚如何降落。他的现状是由经验丰富的飞行员操纵飞机正常飞行。而这种变化绝非他所希望的！不过他确实还有可以帮助他的后盾。他通过无线电向空中交通管制员报告情况。他们安排了一位拥有多年飞行教练经验的人与之用无线电沟通。这位飞行教练细心地为他讲解和指导，并帮助他安全着陆。当我们推出电子病历系统时，护士们感到寸步难行。他们感受到了变化的重负。尽管我们的信息技术人员会负责管理系统，但对于我们的护士来说却是难以理解和掌握的。也许就像在没有任何经验的情况下驾驶飞机一样。

在领导变革的过程中，我领悟到领导者就像那位飞行教练一样。员工忙着应对变化，而这些变化对他们来说几乎和发现飞行员在他们旁边的座位上昏过去一样可怕。领导者需要学会说服员工接受变革，帮助他们让飞机着陆。领导者不能只是说“我们打算做出改变”，然后在没有持续沟通和指导的情况下期望成功。想象一下，如果飞行教练说：“最近的机场位于你当前位置东南30英里处。祝你好运！”然后切断了通讯，你会做何感想。领导变革需要超常水平的耐心、引导、倾听、指导和讨论。你不能只是描述一下目的地，你还必须帮助员工熟悉到达目的地的路线。由此引出我下面关于沟通的一课。

良好的沟通需要共同的语言，而我们提供变革模型和五种应对变革的常见反应的目的即在于此。它们是实现共享文化的共同语言，而这在领导任何团队进行变革时都是至关重要的。当飞行教练指导驾驶飞机的乘客时，乘客可能不知道控件的名称和功能，教练必须非常清楚地解释，比如他可能会说：“左边的仪表，那是高度计。这个就是用来……”他们可以建立一套用语，能够用来与那位菜鸟“飞行员”进行交流，甚至还有可能让他更容易理解一些。你也可以以同样的方法运用变革语言。在你向员工描述了目标目的地之后，你们之间的共同语言可以是某种简略的口头表达方式，比如“现在，我们正处于破坏区”，你和员工都知道这是什么意思。团队中有人可能会说“我现在感觉自己像‘抗拒’，或者‘动力’，或者‘等待’”，你们每个人都知道这句话的含义，并且能够就此展开讨论。你们拥有了共同语言。事实上，这正是柯维博士的畅销书《高效能人士的七个习惯》的杰出成果之一。自30多年前出版以来，有数以千万计的人读过这本书，或者参加过富兰克林柯维的培训课程，这样他们就能够讨论和解决曾一度使用不同的甚至是相互冲突的措辞所谈及的问题。这是一种宝贵的资源。它可以在不同文化之间建立共通点，加快沟通的速度和清晰度。要知道，你的那些能干的员工们有着截然不同的教育、背景甚至专业知识，因此也就形成了不同的文化。

我从这次经历中得到的第三个也是最后一个经验是，变革的语言不仅仅适用于领导者。当所有团队成员都使用它来相互沟通并推动变革时，会产生最佳效果。在系统持续实施的过程中，一些护士和工作人员能够很好地声援改革，并对其做出积极的评价，而另一些人则依旧经受着这漫长而艰难的变革过程的挑战。随着这个新事物逐渐成为他们工作环境的一个组成部分，护士们及其各级领导会在定期的碰头会中谈论他们的感受。应该感谢他们的主动性和直觉。他们提供给实施团队的反馈信息，无论是正面还是负面的，让结果变得比预期的还要好，因为这些反馈意见指出的问题是项目经理和领导者根本没有考虑到的。

同那位飞行员和飞行教练一样，我们的EMR系统也最终安全着陆了，只不过在此之前经历了几次失败的尝试。有几个团队成员选择离开这家公司，因为想要过变革这一关看上去真的是太难了。想象一下假如我们整个项目团队当时能有变革模型提供的共同语言所带来的好处，情况该会是多么的不同。它应该会帮助我们更有效地看清每个人的反应、问题、担忧和成功。如果我们能够提前知道有些人有和“退出”以及“放弃”一样的感觉，我们或许会做得更好一些，让他们能够开诚布公地谈一谈需要怎样做才能让他们继续留在公司。

传达变革愿景

许多领导者在宣布一项变革之后，转身就去关注其他事情了，指望着变革能自行发生。这类公告发出之后，如果员工热情不高，行动迟缓，或者干脆予以强烈反对，这些领导者就会用“要接受变革”或是“要么变革要么死亡”之类的话来回应。其效果就如同告诉一个7岁的孩子“要接受西兰花”一样。简单地说一句“要接受变革”，其所传达的信息是：人们只需要加入进来，无须提出任何问题。这可能会让人们短期服从，但通常却无法创造一种以员工主动选择高水平的责任感、协同性和敬业度为特征的变革文化。需要注意的是，领导者无法创造敬业度。你不能强迫一个人去敬业。领导者可以做的——尤其是在变革过程中——是创造一种人们主动选择做出最大程度贡献的文化氛围（这在任何变革举措中都是至关重要的）。

团队成员有几种与变革相关的需求。例如，你的团队成员需要：

- 了解他们为什么要做某事。
- 能够看到未来的愿景。
- 判断某项变革是否值得。
- 相信自己以及周围的人能够投入必要的努力并且能够成功，即你的变革策略将会取得成果。
- 愿意主动参与并且决定与你一起踏上变革之路。
- 信任你以及其他团队成员。
- 了解事实真相。（不幸的是，许多变革领导者要么主观认为棘手的事实真相已经渗透到团队成员当中，要么认为他们不让团队成员了解棘手的真相是为了团队的利益。）

我们将在第五章更深入地探讨如何建立变革的愿景。

只发布变革公告还远不够

20世纪60年代初，法国文化部长安德烈·马尔罗（Andre Malraux）委托艺术家马克·夏加尔（Marc Chagall）绘制巴黎歌剧院卡尼尔宫的天花板。这一变化的提出引起了强烈争议，因为这项委任工作让巴黎人在几个方面感到不快：为什么要在原来的艺术品上作画？为什么要为一座历史建筑附加现代艺术风格？为什么选择一位立陶宛出生的犹太画家来做这项工作？然而马尔罗并没有只是简单地宣布这一变革计划，然后让夏加尔去独自面对抗议者并且自己想办法。相反，这位文化事务部长自始至终参与其中，倾听批评者的意见，并采用另外一种叙事方式。最终，马尔罗有效地反驳了那些引发争议的人，从而使夏加尔和他的团队能够专心工作，实现期望的变革。

这些画作最终赢得了许多早期怀疑者的支持，并且成为如何将现代主义融入法国历史地标的标杆。如今，夏加尔的天花板是歌剧院最受欢迎的景点之一。这个故事告诉我们，领导者可能倾向于将变革沟通与发布变革公告等同起来。可是变革的成功需要的是领导者的持续沟通和参与。

然而，这种开放且持续的沟通似乎并不常见。在2017年对27 000多名员工进行的一项调研中，65%的人认为他们的组织没有充分告知他们所面临的挑战。

所以，要坦诚相告。员工应该知道真相。但同时也要认识到，你如何选择对与变革相关的事物的命名，其本身是蕴含着力量的。

变革的成功需要领导者的持续沟通和参与。

安迪·辛德里奇

有时成败只在于一个名称

我曾就职于美国太平洋西北地区的一家公司。该公司的合规管理部与公司内几乎所有其他部门都处于交战状态。销售部将这群人称为公司的“销售预防单位”！制造部被所有合规性规则搞得十分懊恼，研发部则不喜欢在任何事情获批之前不得不跳过去的无休止的障碍。我们决定将该部门的内部品牌建设作为改革工作的一部分。当时公司内部所有人都想要获得的是将其设备推广到传统上被称为金砖四国（巴西、俄罗斯、印度和中国）的庞大市场。

在与合规团队合作的过程中，我们断定改换名称将会非常有助于重塑其他部门对于合规管理角色的刻板印象。新名称“市场准入”向他人传达了该团队的真正作用。改换名称表达出一种不同的意愿，而且它所传达的该部门的作用是其他名称无法传达的。有些时候只需这么一个简单的动作就足够了。在我们的案例中，由此产生的成见的改变为该团队与此前来自销售、营销、研发和制造部门的敌对者成为合作伙伴奠定了基础。如今，他们主动上门请求新的“市场准入”团队来帮助解决问题和打开新市场的大门，而不是时刻防备着合规部门的监督。

在推动变革这件事上，名称很重要。拥有一套共同使用的词汇，并且用心思考变革的称谓和谈论方法，这会极大地避免诸如逃避、冲突、怀疑和局部优化等无效的乃至产生相反效果的行为的发生。

知道什么应该说（什么不该说）

如果说变革中存在某种反复出现的问题，那就是：虽然领导者不应该分享所有信息，但是他们几乎总是分享得不够。

要传递应对变革的必要信息，也要坦言在受变化破坏的阶段有些信息可能无法提供。在某种情况下，提供某些信息不仅是不恰当的，甚至还是违法的。此外，有些时候领导者只是不知道有关变革的所有答案。如果是后一种情况，就直接说你不知道。人们会对坦诚和谦逊表示尊重。知之为知之，不知为不知。把你不知道实情的事实告知团队成员。你们会一起找到答案。常言说得好："人们能够接受坏消息，却无法接受错误的消息以及没有消息。"值得一提的是，作为领导者，你可能有比别人更多的时间用来消化和准备变革，然而你的团队可能只是第一次从你那里听到此事。给他们一些时间来了解当前变革的内容、原因以及对个人的影响。不能单凭向团队发布通告就可以启动变革。相反，你必须在整个变革过程致力于持续的、必要的沟通。

虽然领导者不应该分享所有信息，但是他们几乎总是分享得不够。

鼓励他人积极参与

搜救人员能够勇敢地在极端条件下拯救生命。世界级运动员会持续不断地努力提高自己的力量、技能和耐力。自己的孩子正在与病魔作斗争的父母会竭尽全力寻找解决方案，抚慰他们的身心。作为人类，只要有足够强大的理由，我们就有能力撼动天地。因此，作为领导者，给你的员工一个理由，让他们能够主动参与并在变革中取得成功。

玛琪·普莱谢特

变革之声

曾经有几年，我管理着一个员工保留部门。在我任职期间，我与各级员工和领导进行了多次交流，以便更好地理解为什么有时候我们公司会有如此之多的人员流动，以及我们能够采取哪些措施以使自己成为他们的首选雇主。通过持续的谈话、离职面谈和员工敬业度调查，乃至对领导层的风格以及个人贡献者、团队和客户之间互动关系的综合观察，我收集到了大量的意见和数据。

员工辞职时，十有八九我们会听到一些有理有据的困难，而这些困难又因为管理者缺乏沟通或者单纯地要求团队成员“跟上进度”而变得更糟。这些管理者往往没能做到解释重要职责背后的原因，或者更多的是没能解释变革发生的原因。我曾清楚地看到过专制/独裁的领导方式（与之相对的是协作领导）剥夺了团队成员了解重要信息的权益，包括他们应该如何参与到总体计划中来，以及如何成为其中更有价值的贡献者。

对于拥有超过8 000名员工的组织而言，变革每天都在发生——有时是在部门层面，有时是在整个系统范围内。但即使是日常职能上的细微变化也可能会造成干扰。微小的变化仍然是变革。团队换了领导者是一种变革！日程的变更是一种变革。改进是一种变革。新的战略和实施风格会带来变革。而且，如果领导者期望员工在没有机会清楚地了解原因以及没有机会自由谈论对变革的见解、感受和想法的情况下就能主动参与到变革中来，那么员工参与进来的可能性反而会因此大大降低。

在与员工离职面谈期间，我多次听到类似“我们经理根本不听我的意见”的声音。实质上他们是在说，作为一线员工，他们有很多见解和建议，并且希望能得到倾听。由于感觉自己作为贡献者的价值被低估，他们选择退出，而不是参与进来。不与他们交流，不将那些具体实施变革的人员纳入进来，我们就会失去他们。

所以，要倾听员工的声音。那么是不是他们所说的每一句话都是绝对的智慧？当然不是。他们所说的大部分内容会不会只是些无益于解决问题的抱怨？也许是。他们想要的东西会不会与公司想要的不一致？或许是。然而所有这些问题存在一个共同点，那就是人们希望被倾听。

今天，我们生活在一个人们习惯于选择退出的世界——“大辞职潮”“静退”，拒绝被平庸者所领导。但不管怎么说，人们辞掉的不是工作；他们辞掉的是糟糕的领导者以及失常且有毒的文化。套用约翰·麦克斯韦（John Maxwell）的话：“如果你自认为是领导但没有一个人跟随，那你只不过是在独自散步。”

扫清障碍

有些与变革相关的障碍会超出一个人或一个团队的处理能力。此时领导者需要介入进来以扫清道路。在我们之前所举的巴黎歌剧院的例子中，文化部长安德烈·马尔罗便是这样一位及时介入的领导者。他要回应人们对夏加尔在旧画作上绘画的疑虑：为什么要把一部完美的艺术史作品弄脏？对此，马尔罗与他的批评者们一起想出了一个解决方案。他没有让夏加尔在原有的天花板上作画，而是要求艺术家在蒙在天花板上的一块巨大的布板上绘制他的作品。这样就可以在保留原作的同时展示夏加尔的作品。如果没有马尔罗来扫清障碍，夏加尔就不可能完成他的杰作。

扫清障碍并不意味着解决所有问题

有些障碍需要领导者来清除，而有些障碍则应该由负责该项工作的人员来处理。有时候，领导者错误地认为“参与”意味着微观管理，他们必须监督每个细节，并且必须成为一切解决方案的来源。然而他们大可不必。大多数问题最好还是由离问题最近的人来解决。放手让你的员工解决大多数问题。不要“窥探”。不要成为瓶颈。不要在一旁巡视。

> 大多数问题最好还是由离问题最近的人来解决。

文化部长安德烈·马尔罗是一位艺术理论家、艺术爱好者和作家。但他不是画家。他把绘画工作以及绘画过程中的问题和挑战都留给了夏加尔。马尔罗让夏加尔去解决如何在布板上而不是直接在天花板上作画的问题。为了能将框架安装在天花板下方，布板的尺寸需要与天花板的尺寸略有差异。有多少差异？尺寸是多少？这些不是马尔罗需要解决的问题，而是夏加尔要弄清楚的问题。如何在不损坏旧有艺术品的情况下将框架与天花板接合在一起？这个问题也被夏加尔很好地解决了。什么样的艺术风格、色彩和意象才能用来致敬卡尼尔宫，而不至于成为一件有碍观瞻的东西？他再次把这个问题留给夏加尔去思考和解决。

变革领导者持续参与的真正含义

持续参与变革的领导者会授权团队成员在他们自己的“影响圈”内解决问题，而不是在其“关注圈”中举步维艰：

史蒂芬·柯维（Stephen R. Covey）博士在《高效能人士的七个习惯》中首次提到，“关注圈”是由我们无法真正控制的东西组成的。而习惯一

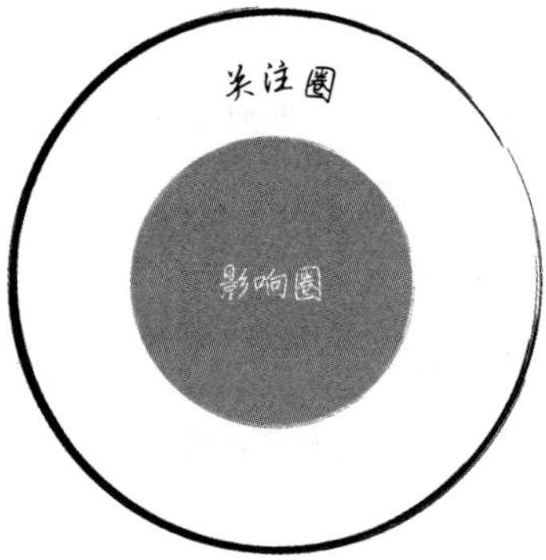

图 4-1 在自己的影响圈内解决问题

帮助团队成员成为积极主动的问题解决者会逐渐扩大他们的影响圈，从而帮助他们更充分地准备好迎接即将到来的下一次变革。

“积极主动”意味着要在自己的影响圈内工作，或者说我们的工作对象是那些可以控制的东西。帮助团队成员成为积极主动的问题解决者会逐渐扩大他们的影响圈，从而帮助他们更充分地准备好迎接即将到来的下一次变革。

积极参与变革的领导者会帮助团队成员了解自己的关注圈和影响圈内都包含哪些内容。此外，他们还能够：

- 帮助团队成员做好准备。向团队成员传达令人信服的有关变革的愿景或者描述其真实情况，预先告知可能会遇到的障碍，从而帮助他们为不可避免的变革做好准备。
- 理解结果会不及预期。对此没有理由予以任何程度的指责。相反，此时应该帮助员工适应新环境，重新自我定位，以及了解当前的状况——这一阶段最需要的是提供（大量的）明确的信息，以便员工能积极主动参与。

◆ 与团队成员产生共鸣，因其知道前面的路会很艰难。他们不会粉饰困难，而是会努力激励团队成员坚持下去，继续前行。当你的团队成员在战壕里奋战时你却舒适地坐在办公室里，这显然不合时宜——他们需要看到你卷起袖子同他们一起并肩作战。

◆ 全程持续参与，寻找和利用变革潜在的有利因素。

船长提示

是扫清障碍还是堵塞道路

在变革的历程中，你的团队有时候会需要你走在前面为他们扫清障碍，而有时候他们却需要你让开道路。要想更好地了解你是在清除障碍，还是已成为障碍，你可以在团队会议或一对一会谈中向你的团队询问以下问题：

- 在我们经历变革的过程中，我对你的工作起到怎样的作用?
    - 像推土机一样清除问题和烦琐程序，以便你能够向前推进?
    - 像蚊子一样在你身边徘徊巡视，进行微观管理，分散你的注意力?
    - 像道路施工，造成妨碍你前进的瓶颈?

- 你能否举例说明我的哪些行为妨碍了你的进度，以及哪些行为为你的工作提供了便利？
- 为了帮助我们的团队在本次变革中取得成功，你希望我在哪些方面多做，在哪些方面少做？（注：为此你需要有作为领导者的高度的示弱能力。但是这样做会建立起必要的信任和信心，从而带领团队克服未来的困难。）

深入了解变革模型

从了解团队在变革中的感受，到成功领导团队前进所需的思维模式，你已经完成了入门阶段的学习。接下来就需要更深入地了解变革模型本身了。我们将用余下的章节分别讨论模型中的这四大区域，其中有一章是关于关键决策点的。决策点指的是从破坏区底部的“低谷”到爬出深渊（以及之后更大的成果）之间的过渡阶段。

第五章 The Zone of Status Quo

维持现状区

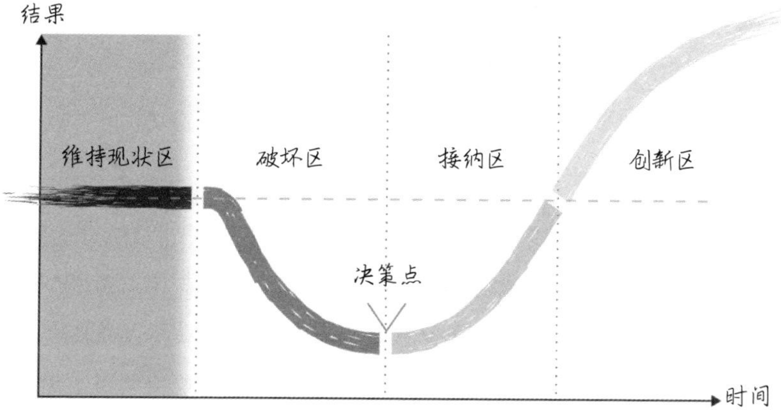

图 5-1 维持现状区

为变革做准备

维持现状区是我们在变革发生之前所经历的阶段。在此阶段，尽管工作繁忙，压力很大，但是“一切如常”——一切还都是熟悉的。在维持现状区，领导者负责帮助团队成员为将来的变革做好准备，他们会：

- 探察发展趋势、模式或计划。
- 询问他人的观点。

- 采取行动，提高效率。

维持现状区中的变革反应

让我们重新回到“谁摇晃了船”这个故事中来，回顾一下故事里面的船员们在维持现状区的反应。旅途开始的时候，船员们轻松无忧，埋头做着自己的日常工作。他们有需要忙的工作，有需要履行的职责，然而这一切都还在他们的舒适区范围之内——每个人都清楚地知道自己的本职工作以及如何完成这些工作，以至于当“动力”建议大家利用富余的时间来提高技能和学习新东西的时候，船员们都表示不屑一顾。

如果没有那令人惶恐不安的变化所造成的压力，维持现状区很容易让人产生一种虚假的安全感。很有可能船长（假设船长是在一家公司工作）及高层管理者都对目前的状况感到非常满意。公司的营业收入、增长率和利润率可能都表现良好，甚至正朝着正确的方向发展。但维持现状区的微妙之处在于，你或许会感觉此刻岁月静好、士气高昂，未来充满希望，然而变化却潜伏在前方某个拐角处。风平浪静的日常迟早会突然间变得水流湍急，随之而来的是飞流直下的瀑布。

这正是“成果号”上所发生的事情。

在维持现状区第一个做出反应的是“动力”。“动力”特别喜欢新的冒险中的刺激感。“只见他抓起一把铁铲，开始不断地朝锅炉里面铲煤”。任何天性喜欢改变的人都会对有可能发生的变化感到兴奋。他们不需要很多信息或事实；他们随时准备出发，通常会比其他人先行一步。

“最简化”会想要弄清楚预期会发生什么事，并且希望尽可能少地做出改变。正如寓言中的人物角色所问的：“真的是瀑布吗？我们最好不要做任何不必要做的事。”

“等待”，人如其名，从不急于立即采取行动。尽管速度很慢，而且通常要比别人慢一拍，但他们还是会最终适应变化。“‘我以前就曾上过那种声音的当。我们最好等等看，然后伺机而动。’等待说……”

“抗拒”则积极抵制瀑布所象征的变革。“我们必须对抗湍流的引力！快来帮我把锚抛出去！”“抗拒”会在私下或公开场合拒绝变革。在此需要注意的是，没有任何反应存在本质上的对与错。“抗拒”可能正是拥有避开潜在灾难性变化的本能。这也从一个侧面证明了为什么维持现状区的准备工作如此重要。让人员尽可能充分地知情和做好准备将有助于缓冲各种情绪化的、基于恐惧的反应。

寓言中的双胞胎“退出”和“放弃”所代表的选择放弃的人是维持现状区最后的两种变革反应：一个是放弃并且离开，一个是放弃但留下（或称“静退”）。退出选择了前者：“‘祝各位好运，就此告辞啦！’接着他便跳下船，向岸边游去。”有人可能会问，放弃但是留下来和放弃并且离开，这两种哪个更糟糕。有人还想知道，领导者应该投入多少时间来留住像“退出”这样的人——尤其是当他们身居要职时。这个问题要看个人决定，但我们的经验是，如果船员们不能在变革中找到与自身相适应的责任感，他们始终会存在撤出的风险——这正是“放弃”的情况。“放弃”“尽管也想退出，但是还没有下定决心抛弃这艘船和船上的人”。所以“放弃”并没有离开这艘船，而是拒绝参与变革。

克里斯蒂·菲利普斯

为变革奠定基础（EMR系统的采用：第二部分）

领导者没有资格声称自己对变革感到惊讶。当遇到立法或法规形式的变化时，人们往往会无奈地耸耸肩，然后在大势所趋面前让步。但是高效的变革领导者会思考他们当下能够针对变革做些什么，并且着手行动。

回到我们的“EMR系统的采用”的故事中来。假设你在一家工作繁忙的大型医院工作。护士、医生、护工和专家们每星期都会接诊数百名甚至数千名患者。他们的工作包括做测试、开药、采样。所有这些就诊患者的所有记录都是用纸质病历和计算机程序保存的，而这些并没有被整合到一个更大的系统中去。

这是20世纪70年代在EMR系统出现之前全球医疗健康行业的状况。EMR系统的引入会在多方面影响医疗健康服务。它不仅有助于控制不断上涨的成本，还可以提高患者满意度和护理质量。EMR系统的使用促进了医疗健康提供者之间的沟通，改变了疾病模式，减少了医疗错误，并确保了有效的文档管理和健康信息的保护。

随着个人计算机的出现，一些医疗健康组织预见到了即将到来的现代医疗健康时代，并立即采取行动，积极引进健康信息系统，并将其快速集成到医院和医疗设施中。

而另一些组织对这一变化却并不那么热衷。一直以来他们沿着“惯常的河道”舒适地航行，丝毫没有想要离开维持现状区的愿望——一切都很好。他们当然不会对应付瀑布这种事感兴趣，哪怕他们知道自己正在朝着破坏区疾驰而去！尽管医疗健康体系竭力阻拦，EMR系统还是变成了一种非“选择加入”性质的变革。由于其明显的优势，加上新的立法，未安装EMR系统的医疗健康提供者势必会遭受巨大损失，同时偏离政府合规性要求。

而我正是在这个节点上走马上任的。

我当时是医疗健康系统的高级组织发展顾问，负责为EMR系统实施提供变革管理支持。作为变革推动者，我的工作是与项目管理团队以及其他正式和非正式领导者合作，以确保组织能够采取有效的变革管理措施。当组织内的其他成员仍处于维持现状区时，我和领导团队却已在为变革做准备工作了。

类似EMR系统这种企业范围内的系统变革意味着大量人员不得不重新学习一种与以往截然不同的工作方式。无论管理层如何表述，都很难让人对此想要跃跃欲试。距离预定的系统上线日期还有一年时间，我所领导的变革管理团队便开始揭开一系列出人意料的事情——那种有可能会扰乱团队、时间表或者预算的事情。这群正式和非正式的领导者并没有试图说服员工消除顾虑；我们只是把他们召集到一起，基于我们对限制和障碍的深入了解，制定了一套让变革商业案例更清晰化的变革管理程序。

从中我学到了重要的一课：在做好变革的准备工作方面不要有任何犹豫，哪怕变革看起来还很遥远。做好变革的准备工作需要把握全局，了解其中的各种复杂形势，同时要放眼长远。你的团队会学着与你一起适应变革，并在整个过程中变得更具韧性。

注意前方道路

在美国，每年因与鹿相撞造成的事故超过一百万起。根据美国州立农业保险公司的数据，美国驾车者撞鹿的概率约为1/167，如果是在夏威夷，该数据为1/474；如果是在西弗吉尼亚州，则为1/37。谁能想到这些长着一双天真无邪大眼睛的野生动物竟然代表着如此的混乱！然而，我们对前方道路上潜在干扰状况（无论是鹿还是其他东西）的小心程度与我们在维持现状区的感受是密切相关的。

柯蒂斯·贝特曼

利用你的余光

我十几岁的时候，深夜驾车行驶在科罗拉多州的路上。坐在车上的爸爸对我说："儿子，晚上这个时候，路上这一带总会有鹿群出没。放慢速度，注意看车灯在鹿眼中反射的光，心里想着它们就会出现。"果然，几分钟后，在前方右侧的路边，我看到了几只发着光的眼睛，随后鹿的身影出现在黑暗中。但是因为我已经有了心理准备，所以我并没有过度反应，而是冷静地放慢车速，避开了这些鹿，没发生什么险情。但是如果我事先没有会有鹿跳到我面前的预期，那这一次很有可能就是险情。

副驾驶座位上的人常常会做些与开车无关的事——看书、看电影、发短信、玩游戏，甚至打个盹儿。他们此时依赖你在开车时时刻对危险情况保持警觉。如果你高度警觉并且提前做出很小的调整，那么他们甚至都不会察觉。然而，如果你大惊失色并

> 且突然做出反应，坐在车里的人很可能会在其完全无法控制的情况面前感到无助和恐惧。
>
> 丽塔·麦格拉思（Rita McGrath）在《拐点：永远比你的竞争对手先行一步》（*Seeing Around Corners: How to Spot Inflection Points in Business Before They Happen*）一书中写道："我喜欢用开车来打比方。如果你能看得远些，那么你只要轻轻转动方向盘就能调整方向；但是如果你是在拐点近在咫尺时才看见它，你就必须猛打方向盘。换句话说，如果你能看到前方道路上的障碍物，你只需要小幅度调整方向盘。但如果障碍物突然出现在你的车前，你就必须快速、大幅度地转动方向盘。"

如果你是一位手握方向盘、脚踩油门的领导者，那么你对变革的感受会不同于你手下的人（尤其是在你没能预见未来的变化并因此猛然转动方向盘的时候）。作为领导者，你需要培养自己预先审视的能力，以便为潜在的变革做好准备。你可以通过广泛接收信息来获得所需的"外围视觉"。这些信息包括你所在行业的最新资讯、对新政府指导方针的预判、来自客户的反馈，以及你在谈话中积累的员工意见。你可以利用尚处于"维持现状区"的机会放远目光向前看，同时做一些小幅度的方向调整。不要忘记，你的团队成员的"乘车"体验不同于你的——他们不在驾驶座位上，手和脚也没有放在操控装置上。我们越善于审视未来的变化，就越不会为此而感到意外。（但要注意的是，不要将其变成一种强化焦虑或偏执的练习。向前看的目的是减少恐惧，而不是加剧恐惧。）

探察，询问，行动

在对意外变化一无所知和过度专注于探察意外变化两者之间存在一个微妙的平衡地带。让我们以司机和乘客同乘一辆车并且留意路上野生动物（即意外变化）的故事为例，思考三个级别的变化警觉性，以及它们与探察、询问、行动这三种行为之间的对应关系。

探察

考虑到你目前开车的路段和季节，遇到野生动物的概率很低——但并非为零。你不想让意外的变化完全占据你的大脑，但你也不想被它弄得措手不及。

应对策略

- 利用你的外围视觉。轻松自然地注视前方，探察趋势、模式或计划。
- 利用数据预测可能发生的变化。
- 询问他人的观点。
- 对可能发生的变化保持开放的态度，但不要被它完全占据。

询问

你旅行的地点（美国西弗吉尼亚州或夏威夷）、一天中的时间（黄昏）和一年中的时间（初冬）会显著增加在路上遇到野生动物的概率。（这些都是帮助你提高警惕性的“放松警惕策略”中提到的数据点。）

应对策略

- 在监视预期的变化征兆的过程中，缩小关注焦点。
- 设想“如果/那么”场景，以便你可以在变化发生时预先做好准备。
- 询问他人的观点。
- 保持自信并准备好采取行动。

行动

一只鹿（变化）跳到你前面的路上。

应对策略

- 判断应采取什么行动（最好能因之前的“如果/那么”场景设想而迅速执行）。如果你是乘客而不是司机，你就大声喊出前方的危险。
- 根据你所掌握的有效信息，制定最佳的前进方案。
- 采取快速有效的行动。
- 与车内所有人保持沟通。他们通常并不知道猛烈的急转弯即刻就要发生。

克里斯蒂·菲利普斯

不要在黑暗中跳下瀑布

之前我谈到了如何为变革做好准备工作。这次我想谈谈变革的前期工作。在我小时候随家人移居非洲之前，我们家曾经在法国生活了半年。而且，和许多人一样，我也爱上了早餐来一块美味的法式羊角面包。去面包店买一块暖暖的香酥的羊角面包来开启新的一天真是再完美不过了。然而，虽然这是我一天的开始，但这绝对不是面包师（面包店老板）一天的开始。当我还沉睡在梦乡的时候，面包店老板已经工作了一整夜，辛勤地准备着美味的糕点。

为变革做准备的领导者有点像那些面包店老板。当组织中的一些人在维持现状区舒适地“沉睡”时，变革领导者却已经“早早起床”，为变革做准备，把事情安排到位。这样当变革发生时，当组织中的员工“醒来”发现变革时，领导者们已经准备好了“早餐”。他们准备好了员工在应对变革过程中作为支撑的愿景、沟通计划、制度、培训和“营养”。

在我的职业生涯中，每当我领导一项变革举措时，我都有机会参与制作我的特有样式的“羊角面包”。早在组织的其他成员对变革有所了解之前，我就开始帮助领导层做计划做准备。我们选择要推出的系统，准备培训工作，准备宣传与沟通的内容，落实项目管理，而且最为重要的是，我们为在整个变革过程中帮助、指导和鼓励我们的员工做好了准备。

其实组织内的人并没有完全睡着。他们听到了变革即将到来的风声，因为早在我们为变革做准备工作时，我们就与他们交谈过了。他们互相交谈着，推测着这些变化会对自己产生怎样的影响。我们知道他们需要时间来思考、讨论和理解变革。我们的团队知道，先让人蒙在鼓里，然后再来一个大披露，这并不是为变革做准备的最佳方式。

作为变革的领导者，你的任务很艰巨——你需要未雨绸缪——而且要在变革发生之前早早开始，但是绝不要让你的员工对你正在筹划的事情一无所知。

在混乱中看清变化

虽然我们用来做类比的小鹿确实有脚，和我们的理论一样，能站得住，但是领导者所真实经历的往往并不是一条单独的夜路，而是一片嘈杂的噪声、无数不断移动的图标和千变万化的地形。当遇到这种情况下的变化时，空中交通管制员是觉察此类变化的专家。他们分析雷达屏幕上嘈杂的声音，追踪航班，并与飞行员和其他人进行沟通。这些变化方面的专家每天负责监管来自全球的数以十万计的商业航班。

若想将充满杂乱无章图标的屏幕变成监控变化的窗口，空中交通管制员需要：

- 看懂规律。即使满屏都是令人眼花缭乱的移动图标，他们还是能用专业的眼光看出目前的状况。
- 过滤掉所看到和听到的信息，寻找异常情况。空中交通管制员利用"外围视觉"与其说是为了在黑暗中探察，不如说是为了查看是否存在偏离标准、常规和预期的情况。
- 排列优先次序：判断哪些飞机需要改变航线，而哪些飞机需要被排到队列前面着陆。
- 采取行动：通过无线电联系和指导飞行员。

无论你的维持现状区更像是一条河流还是一条跑道，高效的领导者都会对即将发生的变化做出预测，以便他们能够帮助团队做好准备并最大程度地减少变化的破坏。

船长提示

变革的预测和准备

要培养一种团队成员能够预知、预测和筹备变革的文化。下面列出了三个问题，并且每个问题都附有用来帮助你找到正确的答案的示例问题（用项目符号列出）。你可以将这些问题应用于“变革的预测和准备”团队会议中（你可以从项目符号所列问题中挑选你认为对回答编号相关问题有用的条目——除此之外你还能在项目符号列表中添加哪些其他问题？）。

1. 我们能预见到在不久的将来会有哪些变化发生？

- 我们注意到哪些行业或组织发展趋势？
- 目前存在哪些技术、法规、市场等方面的变革可能会影响我们的现在或将来？
- 我们应该弥补哪些弱点或漏洞？
- 我们从团队和/或组织中看到了哪些发展？
- 组织内部谁掌握着未来变革的最新动态？
- 我们还可以咨询哪些人，或者我们还能做些什么，能够有助于我们更好地预测即将发生的变革？
- 哪些人面临过类似的变革（当前的或以往的）？他们采取过哪些行动？他们犯过哪些错误？我们怎样才能避免这些错误？

2. 这一（些）变革会带来哪些后果？

- 这些趋势、潜在变化或发展意味着什么？
- 会带来哪些影响？
- 会带来哪些潜在的益处？
- 如果我们对可能发生的变革做好了充分的预测和准备，那么结果会怎样？
- 我们怎样才能减少这些变革所带来的恐惧或者焦虑？

3. 我们目前应该如何为变革做好准备？

- 我们能够如何利用这一变革？
- 我们目前应该采取哪些行动？
- 在探寻变革的同时，我们怎样才能继续专注于日常工作？

透过变革的双镜头进行观察

在维持现状区，领导者可以通过两个“观测仪器”来观察变革。你可以将其中的一个视为望远镜，另一个视为显微镜。有效利用维持现状区相对平静氛围的领导者会使用变革望远镜来观察未来的事件和可能性。一架望远镜能让你看到眼界之外的事物。同样地，变革望远镜也可以让领导者在未知的黑暗中探寻，从昏暗的信息之“光”的启示中看到重组、合并、新产品供应、国际扩张、潜在的资产剥离、领导层变更等事件。这个望远镜镜头能够从多个来源收集信息——包括领导层沟通、战略计划、机构研究、市场分析、利益相关者反馈、数据趋势、社交媒体以及中意的预测者的直觉——以呈现组织未来变革和走势的全貌。变革望远镜可以让我们早在团队受到变化干扰之前就清楚地了解变革的原因及其即将产生的影响。有了这些信息，领导者就可以预测潜在的变化，并通过技能获取、解决问题、寻找资源等方式采取行动。这种视角让领导者能够为自己、团队和整个组织做好准备，以应对可能发生的变革。

变革显微镜聚焦于当下（通常处于混乱的破坏区）。在发生意外（通常是不希望发生的）之后，它可以更清晰地显示刚刚发生的和正在发生的情况。变革显微镜使身处波涛汹涌的破坏区的人们能够确定变革对个人、团队和组织意味着什么。这种关注变革细节的观察角度能够在当下快速将团队的精力集中在创建共同愿景上，而不是浪费时间揪出“谁摇晃了船”（我们的寓言也因此得名“谁摇晃了船”）。这种视角使团队成员能够快速获得决定参与变革所需的明确性。

当我们经受了（知道会发生或者主动选择的）变革所带来的影响时，我们需要清楚地了解发生了什么以及为什么到了需要做出决定的关键时刻（决策点）。当我们受到意想不到的环境变化的打击时，我们可以利用变革显微镜来查看细节，但变革背后的“原因”却通常是由我们自己撰写的。例如，当新冠疫情让整个世界发生自由落体式的变化时，一些组织却将此次疫情的“原因”视为一个机会，因为他们可以借此收紧供应链、调整办公室租赁规模，并且让员工有机会证明在家办公和混合模式是提高员工敬业度和生产力的有效方式。随着他们对所发生的事情有了清晰的了解，结合他们自己的“原因”，一些组织开始利用这一灾难性的变化，创造巨大的价值（参见第七章中的真实例子）。

以突然面临巨大的个人和职业变革的阿努·阿加（Anu Aga）为例。阿努的丈夫是位于印度浦那市的一家跨国工程公司Thermax的负责人。丈夫突然因心脏病去世。阿努在公司严重亏损的困难时期接管了该公司。

她的丈夫在该组织（由他父亲创立）中是一位深受爱戴的领导者，但他难以让员工承担责任，也很难与他们进行有关绩效方面的对话。他还涉足了几项非核心业务，这些业务现在表现很差，对主营业务造成了拖累。

当阿努接手这家家族企业时，她最初打算进行改革，但董事会建议她将公司保持在维持现状区，像她丈夫那样经营企业。然后她收到了一位失望的股东发来的信，她知道自己需要跟随自己的直觉进行一系列变革。但她应该如何带领公司实现这些变革呢？

首先她建立了一个愿景："让Thermax及其股票恢复昔日辉煌。"有了这个愿景，她觉得自己可以领导公司实现变革："领导者应该不仅能够激励，而且还要较之更进一层：能够激发积极性和激情，打造一个让团队能够朝着它前进的梦想。"为了实现这一愿景，她决定采取一系列极具挑战性的变革，包括"让管理人员对结果承担更多责任""退出低利润、非核心业务以集中优势力量"，等等。

不到5年的时间，她便扭转了局面——公司再次盈利，甚至还将其核心业务扩展到英国和美国。她让Thermax及股票恢复了昔日的辉煌。虽然经历了很多繁重的工作和艰难的决定，但她成功地领导公司实现了变革。"清晰的愿景无疑起到了促进作用。"阿努说。

在宣布一项变革时，领导者往往未能做到传达变革的愿景。他们只是单纯地宣布要变革。在阿努·阿加的案例中，她本可以单纯地宣布："我们打算让管理人员承担更多责任，并退出一些非核心业务。"然而变革需要愿景。如果她没有愿景，她的员工为什么要接受她的指挥？

为了有效地传达令人信服的愿景，你和你的领导团队必须至少能够回答以下（及其他）相关问题：

1. 我们何以到达如此境地（瀑布边缘）？

a. “在急于求增长的过程中，我们失去了重点，将精力分散到了太多的非核心业务中。而且我对此也应承担一些责任。”

b. “我们未能要求自己对结果负责，所以我们需要加强在这方面的自律。”

c. “我们平时都会有些狂妄自大，对自己的想法过度自信。坦率地说，我本人也是如此；我为此感到惭愧。现在我们大家都需要调整一下关注点。”

2. 我们要去向何方（前面的河道）？

a. “让我们大胆地讨论一下未来的工作重点在哪里，以及我们需要将每个人最大的精力投放在何处。”

b. “为此我们所有人都必须提高专注力和责任感；关注和负责的对象不仅包括彼此之间和团队成员，而且还包括你的领导者。”

c. “我们将重新夺回失去的市场份额，并再次成为我们所在领域的行业领导者。”

3. 我们为什么要到那里去（河对岸）？

a. “我们公司一贯采取‘基于价值’的方针，所以我们将再次为我们自己、我们的股东和我们的客户创造价值。”

b. “世界已经变了，我们需要发现新的、更好的经营方式。”

c. “我们不愿意看到目前业绩下降的事实。”

4. 旅程（爬上悬崖）会是怎样的？

a. “我不知道前方道路会有哪些曲折与艰险。我们必须尝试一些新事物，我们肯定会犯一些错误并从错误中学习，但我们会一起找到办法的。”

b.“一旦我们经历挫折——实事求是地讲，这毕竟是一项极具挑战性的任务——我们必须重新找回目标和动因，以便我们能够不忘初衷。”

船长提示

准备一份令人信服的变革理由

清楚了变革会造成怎样的干扰之后（如有必要），接下来就要给予团队一个令人信服的变革的理由，帮助他们了解变革的愿景。你可以准备一篇能够让人记忆深刻的故事然后讲述给团队成员。故事的内容要既容易理解，又容易复述。故事里面应该包括团队/组织要去向哪里，变革的原因是什么，以及过程会是什么样子。下面给出一些提示点仅供参考：

1. 描述变革所要解决的问题或者要抓住的机会。

- “我们一直在努力……”
- “我们一直打算……”

2. 描述变革将会如何解决问题或创造机会。

- “我们目前所进行的变革是……”
- “所以，我们决定……”

3. 描述团队和组织如何从变革中受益。

- “如果我们能成功进行这次变革，我们将会……”（描述变革将会实现的成果或者创造的机会。）
- “如果我们能在这次变革中取得成功，我们将会预防/解决/克服……”（描述它将解决的问题或争端。）

4. 描述变革所面临的挑战（尽可能做到信息透明）。告知员工其应该知道的任何坏消息（合法且适合分享的信息）。

- “我知道这意味着我们将会……”
- “当我们做出这项改革时，我们必须……”

5. 分享如何共同应对挑战的初步想法。

- “我认为我们可以通过……来应对这些挑战。”
- “我们曾经克服过这样的困难，例如……”

6. 总结你打算从什么样的状态转向什么样的状态。

- “进行此项变革时，我们将从……转向……”（尽可能具体地说明所需的行为或程序变化，以及这些变化需要产生的新的结果。应该有多个“从……到……”式的陈述，并且重点陈述应该改变的行为、行动和结果。）

注意：在准备变革理由的过程中，你需要不断审查自己的投入程度。如果你自己对变革不能做到尽心尽力，那么你将无法有效地领导你的团队实现变革。

针对不同层面的变革愿景进行交流

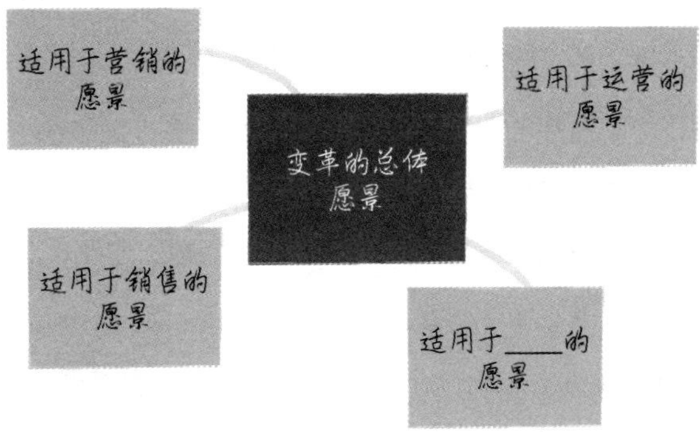

图 5-2　对核心愿景的支撑

除非是一些很小的组织，大多数企业在其总体愿景之下都会有多个职能单位的愿景作为支撑。例如，组织制定的增长愿景下面可能会有数个作为支撑的愿景，包括有关员工敬业度的人力资源愿景，有关新产品创新的产品开发愿景，以及有关新产品的市场采用速度的销售/营销愿景。领导者往往喜欢采取一种广而告之的方式宣布变革，而实际上他们真正需要的是在组织的各个层面以及各个职能单位内部围绕愿景进行对话。

领导者往往喜欢采取一种广而告之的方式宣布变革，而实际上他们真正需要的是在组织的各个层面以及各个职能单位内部围绕愿景进行对话。

这种层叠式的愿景会一直延伸至部门甚至团队层面。打个比方：你打算召开一次“全体会议”宣布一项重大变革。你的时间只够回答几个问题。此时平面设计师问了一个问题。你并没有真正理解他的问题，因为那不是你的专业领域，所以你的回答很笼统，并没有真正回答他的问题。与此同时，销售人员和客户支持团队成员在看时间，一心盼着离开会场。他们并不关心平面设计师提出的问题，因为那也不是他们的专业领域。可是对于平面设计师来说，这个问题却至关重要。那是他们的专业领域。

让我们换一种方式。如果作为领导者，你创建一个愿景，然后鼓励不同职能单位内部各个层面围绕支撑愿景展开对话，情况又会怎样？通过这种方式，那些来自组织具体部门内部的个体的问题、建议、抱怨、恐惧和激动情绪就能够被真正倾听到并且得到真正解决。如此一来，关键的专家也有可能参与到讨论中来——即使你本人没有能力解决他的问题，平面设计师也应该得到他们问题的答案。

提升与变革相关的能力

有效应对变革是一项可以习得的技能。作为领导者，你应该培养团队成员的变革“肌肉记忆”，让他们的反应变成本能的、自动的。从本质上讲，就是你希望他们围绕着变革“提升”自己的思维和技能。你在指导团队实现变革方面准备得越充分，这种提升的可能性就会越大。尽管变革模型定义了四个区域，但变革是一个迭代的过程。爬出峡谷（最好因此而有所创新）之后，你们又回到了维持现状区，不过是在一个新的水平上。现在，你的工作不只是审视前方——维持现状区提供了一个绝佳的机会，可以利用你在之前变革中吸取的经验教训，从而提高团队的韧性，增强信心，加强团队成员的敬业度。

柯蒂斯·贝特曼

如何指导“新手”提升自身能力

在一条漫长的荒无人烟的路上，我和妻子在教儿子学开车。儿子在驾驶座位上坐定之后，我们检查了汽车的所有控制装置，调整了后视镜，讲述了上高速的行动计划，确定了安全速度，讨论了发生意外情况时的应对方法。然后他把车开上了车辆稀少的双车道高速公路。

整个过程不太顺利。

我儿子还不具备在高速公路上开车所需的技能。我们之前只是在停车场和安静的街区练习开车。高速公路上有太多新的信息让他应接不暇，以至于他开始把注意力只放在我讲过的东西上——比如说仪表板，而不是道路！

最后，我妻子建议我们把车停在路边，然后由我来开车并且给儿子讲解我的每一个动作。于是，我们交换了位置，我又重复了一遍调整后视镜和控制器的程序。然后，我停顿了一下。我没有依赖多年驾驶所形成的直觉和反应，而是向他讲解我所做的每一个步骤。当我把车开上路时，我解释道：“我正在看左后视镜，而我想要查看的是这里……现在我正在看后视镜，而我想要查看的是这里……现在我都看清楚了，我就向前看。我看到远处有一辆车……我打开转向灯，加速驶上高速。”

我详细讲解了作为一名经验丰富的驾驶员已经不再有意识思考的一些注意事项。我向他解释踩油门时需要用多大力度以及何时松开。我会指出我看后视镜的动作并且告诉他我在查看什么。

每次我看向前方注意迎面驶来的车辆，检查左右后视镜，扫一眼车速表，注意限速和其他交通标志和信号，准备超越另一辆车之前检查车道是否通畅，检查盲点，留意玩耍的动物和儿童，留意可能的道路危险，等等，我都会清楚地表述出来——所有这些驾驶行为在我都已经变成自动和本能的了。

描述与驾驶相关的每一个动作、小细节、习惯和反应，让我想起领导者带领团队实现变革的各种责任来。作为领导者，你应该教导新手建立起对面前所发生一切的总体意识，而不是去应对或解决各种细小的问题。毕竟，我们的目标是让员工自己坐在驾驶位上开车，而不是坐在副驾驶座位上看着你开车。老手们感觉是本能反应的东西，在新手看来很可能是令人畏惧的。他们很容易在过多的信息量面前感到手足无措。这样的团队成员可能会过度关注眼前的事情，看不到大局，而最终因其无法预见的事情而受到惊扰。

领导者需要刻意培养应对变革所需的本能反应、模式和行为。最终，随着成员练就了变革肌肉，而不必投入像之前那么多的心力来驾驭变革，团队对变革的本能反应就会变得更有直觉力。

确定变革所需的技能、知识和工具

领导者有责任影响组织对变革的反应形式。尽管他们需要预见和应对变化，但同时他们也需要在更大的图景内对变革进行设计。随着组织对变革的逐步理解，组织内的每个单位都需要将当前的技能、知识和工具与新的要求联系起来。其中一些单位可能需要在某些能力方面进一步提升，才能成功应对变革。这些能力可以是技术方面的，也可以是软技能。而另一些单位则可能依靠目前的技能水平就可以过关。不过，他们可能需要掌握更多知识，或者采用新的工具。

对于如何进一步完善变革成功所需的技能、知识或工具，高层管理者有赖于一线领导者对此进行总结和交流。

对于如何进一步完善变革成功所需的技能、知识或工具，高层管理者有赖于一线领导者对此进行总结和交流。这也解释了为什么沟通方案需要包含两个方向——自下而上、自上而下。具体而言就是从通告消息转向展开对话。领导者宣布变革后，紧接着便是团队层面的职能性讨论。此时，差距/需求/问题/资源/约束将会浮现出来。这些反馈应该返回给领导层，以便从一线角度反映上来的细节可以帮助领导层进一步完善甚至调整变革策略。如果领导者宣布“由于这项变革，我们都需要学习新的东西——从我做起”，他会表现出一定程度的示弱和诚恳，从而获得团队成员的信任，并且让他们知道领导者与他们“同在”。

在暴风雨来临之前练就航海技能

安迪 · 辛德里奇

维持现状区提供了培训的机会。这里是暴风雨来临之前的平静期，或者是我们之前提到的，位于“波峰之间”的地方。在此，我们可以学习新技能，团队可以更好地准备迎接未来的挑战。但许多领导者却未能为员工的培养分配预算和时间。

我经常会见到这种事情。在为客户提供咨询服务，帮助他们为变革做好准备的过程中，我经常鼓励他们利用这个相对平静的时期，抓住这一天赐的良机来提升团队的能力。我询问这些领导者，目前或者当他们正经历变革干扰的阵痛时，他们是否愿意让员工脱岗接受培训。就我个人而言，我宁愿我的船员们学习如何在平静的水域拉下帆索，而不是在海浪拍打船头的暴风雨之中。

那些没有利用天赐的暴风雨前的平静期的领导者错过了培养员工的机会，防止他们被竞争对手或猎头诱惑，也没有能够为他们在未来的变革中取得成功做好准备。不断变化的状态意味着风暴永远在远处酝酿。最有效的变革领导者会训练他们的船员成为在波涛汹涌的大海上航行的专家，而我宁愿他们在相对平静的水域培养这些技能——尤其是当我也在船上时！

船长提示

在维持现状区提供成长机会

如果此时你们正在享受维持现状区的风平浪静，你可以询问你的员工以下几个问题：

- 你是在恢复精力、养精蓄锐，还是在停滞不前？
- 你认为自己最重要的培训和发展需求是什么？

- 为了实现最重要的目标，你需要学习哪些东西？
- 你在自我发展过程中是否存在任何我可以帮助你克服的障碍？

从维持现状区到破坏区

船员们“河道的常态”已经到了尽头，所剩下的就只有纵身跃下瀑布，去体验破坏区的混乱和迷茫。

第六章 The Zone of Disruption

破坏区

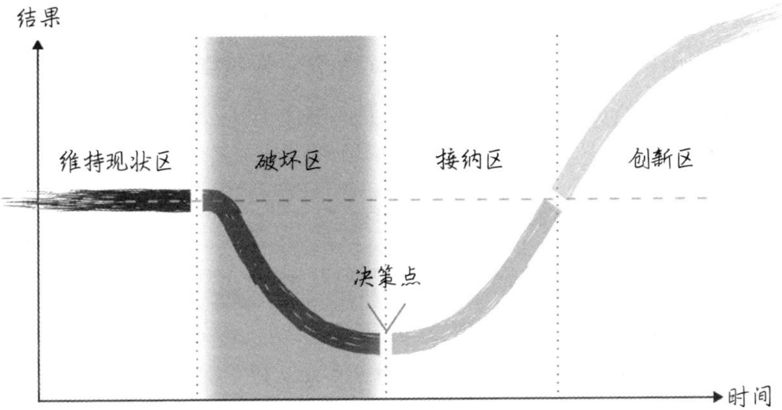

图 6-1 破坏区

明确变革相关信息

破坏区是从变革瀑布上骤然坠落的阶段。此时，业绩下滑，团队成员会因骤变所引发的混乱和激烈情绪感到惴惴不安。此时领导者的任务是帮助每位成员针对以下三个问题寻找自己的答案：

- 发生了什么变化？
- 为什么会发生变化？

◆ 该变化会对我造成怎样的影响？

你应该注意到，这些问题与维持现状区中的问题有所不同，后者侧重于变革的性质和前进的方向。而在破坏区，情况变得更加个人化，而且人员的情绪开始激化。高效的变革领导者会关注变革对团队中每个个体的影响。

破坏区中的变革反应

在“谁摇晃了船”故事中，当轮船从瀑布崖边坠落至谷底的时候，船长努力将正在发生的情况向船员们描述清楚。领导者会利用信息来对抗不安全感，而船员们对变化的反应方式解释了为什么这种做法是极其必要的。

“我早说过情况会是这样！我们完蛋了！”“放弃”高声说，一副超然的姿态。

“我们早应该抛锚！”“抗拒”大声喊道。

“我的天啊！”“等待”大叫着，双手紧握船栏，惊恐万分，不知道情况会糟糕到什么程度。

“动力”开心地欢呼着，享受着肾上腺素的激增所带来的快感。

“最简化”则闭口不语。

领导者会利用信息来对抗不安全感。

每个船员对这种干扰的感受都不同。然而，船长必须始终保持冷静。在破坏区，人们更需要的是“人文精神关怀”。

坠落瀑布的船员们在成功脱险之后，“放弃”抱怨道：“我们当时为什么非要走这条路呢？可以选择的河道多得是，我们却偏偏要走这条沿途有瀑布的。是谁想出这么愚蠢的主意?”尽管人们很想找出罪魁祸首(这个寓言也名为“谁摇晃了船”),然而它分散了人们对破坏区中三个重要问题的注意力:发生了什么变化?为什么会发生变化?该变化会给我造成怎样的影响?让我们回忆一下船长是如何回应这三个问题的:

- 发生了什么变化?“瀑布严重损毁了我们的轮船,船员们也都浑身是伤。”
- 为什么会发生变化?“没有任何一条河流会永远保持不变,而瀑布将永远是旅途中的一部分。”
- 该变化会给我造成怎样的影响?“我知道这是我们任何人都没有预料到的事,但我相信我们一定能共同找出解决问题的办法。”

对于下一步该怎么做,船员们的回应各不相同,而他们回应的依据是自己愿意做什么,想要做什么。这是面对变革时的一种非常人性化的反应,而船长要想将所有人聚集在一起并将他们带领至决策点,则还有很多的工作要做。变革需要领导力,但不一定需要共识。虽然每个人都被鼓励参与寻找出路的集体讨论,但船长没有忘记将船员们的注意力集中在更大的目标上:“我们的任务是把‘成果号’和船上的货物送到山上和山后的港口——而此二者都位于地势较高的位置。”尽管从瀑布上跌落下来造成了干扰,但领导者通常必须提醒团队成员,他们更大的工作和目标没有改变。

明确性让你走出破坏区

小野田广夫(Hiroo Onoda)中尉迫切需要澄清事实,然而为此却足足用去痛苦的29年。这段被困在破坏区的时间的确相当漫长。

小野田是二战期间被派往菲律宾岛屿的一名日本士兵,他的指挥官谷口吉美（Yoshimi Taniguchi）少校明确指示："绝对禁止你死在自己手里。可能需要3年，也可能需要5年，但无论发生什么，我们都会回来找你。到那时，只要你还有一名士兵，你就必须继续领导他。你可能不得不靠吃椰子活着。如果是这样的话，那就靠吃椰子活着！在任何情况下，你都不能自愿放弃自己的生命。"

小野田极度忠实地遵从着这一命令。盟军从日本人手中夺取该岛后，他和其他士兵分成4人小组，隐匿在丛林中，继续进行游击战。这些日军小分队有的被杀，有的被俘虏，最后只剩下小野田的队伍。他们继续进行游击活动。此时的他们已经非常熟练地靠从当地农场抢劫或偷窃来维持生活。

接下来，一个重大的变化发生了——战争结束了。小野田和其他日本士兵与日本军方的通讯被切断，然而他们并不知道这一变化。他们照旧做着自己该做的事。随着时间的推移，人们开始意识到小野田他们并不知道战争已经结束。1945年10月，当地岛民对农场被抢劫这件事实在忍无可忍，于是他们散发传单通告："战争已于8月15日结束。从山上下来吧！"

"政治宣传！"小野田等人这样认为。他们根本不相信当地人发出的信息，也不相信B-17轰炸机投下的传单，甚至不相信日本军队和政府官员发出的请求他们从藏身之处出来的书信。他们认为战争不可能结束。如果战争结束，日本应该会赢，而他们就会来接我们。因为在他们看来，日本不可能输，所以战争一定还在继续。

5年后，该小队的一员赤津雄一逃出来自首。几年后，岛田宗一在与当地渔民的枪战中被杀。27年后，小冢金七被菲律宾警察巡逻队杀害。

27年！

人们早就以为小野田已经死了，但当小冢被杀时，他们想到小野田可能还活着，并且还在继续战斗。对小野田的多次搜寻均以失败告终。2年后的1974年，一位富有冒险精神的日本男子铃木典夫前去寻找失踪的士兵。令人难以置信的是，他在丛林深处找到了小野田。他还活着，过着有上顿没下顿的生活。几近30年，小野田一直遵循着他最初得到的命令。铃木典夫意识到，除了找到这位神秘的士兵之外，他还需要向小野田明确说明他周围的世界已经发生了变化：

- 事件：他向小野田描述了战争结束的详情。
- 原因：向他讲述战争结束的原因。
- 对小野田的影响：告诉小野田他不再需要战斗，他可以回家了。

铃木几乎说服了小野田接受这一改变，但小野田需要最后一点明确性——他需要从他的指挥官那里听到这一切。小野田回答说："我是一名军人，依旧忠于自己的职守。"只有正式解除他的职务，他才会回去。于是，铃木回到日本，找到了小野田的前任指挥官谷口（当时正在一家书店工作），两人一同回到了菲律宾。这位前军事指挥官正式解除了小野田的职务，并明确说明战争确实已经结束。终于，在30年之后，小野田选择接受变化，他们一同回到了日本。

令人难以置信而且几乎不可能？

是的。

事实真的如此吗？

是的。

当人们面对最深刻的变革而深陷破坏区（甚至数十年！）时，明确化是迈向决策点及更远处的一项技能。

船长提示

明确变革的具体内容

变革会打乱有规律的、习惯性的日常惯例。它会在团队中制造混乱、恐惧和不安全感，进而导致业绩下降。让团队成员清楚他们需要在哪些具体的结果和行动之间实施转变将有助于减少这种恐惧心理。为此你可以利用下表对上述事项进行尽可能具体、清晰的描述。同时还要引导团队成员表达他们的想法，因为他们最接近受变革影响的工作。

变革发生前	变革发生后
变革发生前，团队负责实现以下结果： 1. 2. 3. 4. 5. 6. 7. 8.	变革发生后，团队目前负责实现以下结果： 1. 2. 3. 4. 5. 6. 7. 8.
为实现上述结果团队曾采取以下行动： 1. 2. 3. 4. 5. 6. 7. 8.	为成功实现变革，团队目前需要采取以下行动： 1. 2. 3. 4. 5. 6. 7. 8.

要量身定制而不要简单地传递消息

变化总是会造成干扰，哪怕它能够带来进步。这也就意味着没有人愿意在此长久逗留。尽管你无法跳过这个区域，但是你却可以减少在此停留的时间。那么如何从这里走出去呢？关键是要明确当前发生了什么、为什么发生以及该变革对团队成员的影响。但这并不意味着准备一份陈词滥调的回应然后以电子邮件的形式发送出去——高效的领导者会针对每个个体以及他们当时的反应为其量身定制回复内容。换句话说，领导者必须预先思考变革对每个个体成员造成的影响，避免用陈旧老套的形式予以回复。实际上，它应该是一种持续的对话，其目标是把控和引导团队成员如何选择其对变革的反应（决策点）。简单地告诉团队成员应该如何实施变革往往会造成反作用力；人们会感觉自己没有被倾听或理解，其结果会导致敬业度和生产能力受到影响。就很可能会像小野田中尉的指挥官一样，无意中将你的手下人困陷在破坏区当中。当然，你可以通过发送电子邮件或者一封来自首席执行官的信的形式通告所有人，但这无异于故事里飞机上投下的“传单”，只是传达了一种人们不一定会广泛接受甚至相信的信息。当涉及破坏区的沟通问题时，你可以反思一下：“我是否只是在向所有人撒传单？”人们需要有对话和提出问题的机会，然后才能有足够的意愿去为变革负责。

人们需要有对话和提出问题的机会，然后才能有足够的意愿去为变革负责。

但是如果你本人就是那位执行领导者或首席执行官怎么办？显然，你无法为组织的每个成员量身定制一份消息。在上一章中，我们讨论了层叠式变革沟通如何能够有效地在所有不同部门和团队中的个体与变革之间建立相关性和真实的联结。

也就是说，首席执行官的信息可以用来坚定地确立变革背后的价值观和目标，同时通过领导者之间的沟通将该信息与部门级战略联系起来，然后再在团队层面进行交流，讨论具体策略和实施方案。这里的关键点是，无论你的组织结构如何，对整个公司的电子邮件账户进行地毯式轰炸，这种诱人的做法不太可能产生你所寻求的对变革的参与度。应该建立信息之间的关联性和一致性，但同时也要使它们适合组织的各个层次并且有意义。

在破坏区，领导者的责任是确保变革的前后一致并且易于理解。你的工作不是通过强迫或者羞辱的方式让员工接受变革，也不是依靠简单地告诉他们“接受变革”来实现变革。你的工作是明确决策——他们的工作是决定是否参与。

柯蒂斯·贝特曼

呼叫中心的层叠式消息传递

想象一下：你经营着一个拥有5 000多名员工的呼叫中心，你意识到，为了提高客户满意度，下一步将涉及一项重大变革，而且只有呼叫中心的每个人和每个职能角色都参与进来，这项变革才能成功。你的信息需要传达给所有人，并且所有人都需要遵守新的行为要求。那么，我们通常会怎么做呢？我们会告诉他们应该去做什么，而且，如果这么做没有用，我们会一遍又一遍地告诉，而且通常会一次比一次声音大。我们管这个叫“多次”按钮。如果第一次不起作用，就点击这个“多次”按钮，然后再说一遍。在领导大型变革工作时，领导者需要一种不同的方式，一种能够在整个组织内建立一致性和参与度的方式。以下三个简单步骤会在此方面对你有所帮助：

1. 变革发起人制定“变革理由”。用简单的一页文字，陈述为什么变革，是什么引发了变革，并描述变革将会带来哪些好处。在末尾添加一些“变革发生前的结果与行动“和“变革发生后的结果与行动”列项来说明新的行为、行动或结果。

2. 变革发起人要求每位领导者根据“变革理由”准备自己的变革陈述。然后，领导者们将这些与团队职责相符的变革陈述讲述给其团队成员。

3. 允许有关变革陈述的讨论形成上行沟通及下行沟通。让员工成为变革陈述的一部分并且能够发表自己的观点有助于提高围绕变革的参与度。

变革故事要从头开始看

想象一下你和一个朋友去看电影。你是在电影开始半小时后才到达的。当你落座时，你听到主人公宣布：“各位，我们知道了该做什么以及为什么要去做。现在让我们行动起来吧！”

因为你来晚了，你根本不知道发生了什么，电影里的人物都是谁，以及他们面临什么挑战。你没有为任务的成功而欢呼（你对背景故事了解不够，所以无法投入），而是在努力通过电影余下的部分弄清楚来龙去脉。这与你的团队成员坐在变革“舞台”上时的感受没有什么不同。你自己可能已经身在其中一段时间了——你知道变革的背景故事，包括原因、参与者和风险。但你的团队成员可能会有种迟到的感觉——他们知道有些什么事情即将发生，但他们更多的是感到困惑、恼怒，并且对结果并不关注。

作为领导者，你有能力呼叫暂停，以便让每个人都跟上故事情节。这一点很重要，因为在不了解完整的变革故事的情况下，团队成员会试着自己“弄清楚”，而他们通常会讲一些消极的故事，会认为发起者别有用心。不要让这种事发生。你可以建立一个安全的对话空间，以便在此回答问题和解决问题，然后再示意电影放映员继续放电影。

安迪·辛德里奇

一个关于变革的“遗憾填词”

我将与大家分享一个故事，并且故事里会有一些需要填写的空白，就像“疯狂填词”文字游戏那样（只不过我的故事名字叫作“遗憾填词”）。我的故事源于一个真实的事件。在听我讲故事的过程中，你可以想想你的团队以及变革进展不顺的情况，并根据你的经验填写空白。当然，你的经历不会完全符合我的故事，但你会理解其中的精髓。

几年前，我为一家正在经历变革的（行业）公司提供咨询服务。一位领导者对团队的变革反应做出了（形容词）回应。这位领导者提供的信息明确度只有到达决策点所需程度的百分之（少于10的数字）。该公司正在进行一项（描述规模的形容词）的（名词）变革，这给团队的业绩带来了（形容词）影响，导致其业绩从（水平）下降到（水平）。

团队成员对这一破坏的反应从（情绪）到（情绪）各不相同。由于（名词），团队中的许多人不想参与变革。如果想安心地参与变革，他们需要知道（名词）并确保（名词）不会发生。有了这样的明确性，他们才能够做出决定。但事情进展并不顺利。在我看来，他们做出决定的可能性是（大于一百万的数字）分之一。

我建议说，除非他们对变革的事实、原因及其对团队的影响能有（“明确”的同义词）的了解，否则他们不会到达决策点，而只有到达决策点，团队才能参与到变革中来。

但是这位领导者并没有提供团队所需的明确信息，而是斥责他们（动词）。这使得团队离决策点越来越远。现在他们更加谨慎和（“果断”的反义词）。他们的业绩进一步下降。这位领导者试图利用恐惧心理和（名词）迫使人们离开破坏区，而实际上却是在延长破坏期。

我与这位领导者进一步合作，指导他如何建立明确性和信任度以及如何激励团队。然而这位领导者选择放弃最佳实践方法，转向（一种从未奏效过的策略）。但这一策略并没有奏效；员工开始群情激愤。接下来，这位领导者转向（另一种策略，但也是从未奏效过）。这一策略有了结果……错误的结果：人们不想看到的糟糕局面。

我发现高效的领导者的行为与这位领导者的恰恰相反。他们会：

- 承认业绩在破坏区会下滑。
- 排斥业绩会一直下降的想法（一个新的、更糟的现状）。
- 理解每个团队成员对变革的反应。
- 不对他们的反应做出负面反应，因为那样会导致事态升级。相反，他们会任由每种反应帮助其他人了解他们需要如何向反应者提供明确性，以帮助他们到达决策点。

- 与团队合作以便收集/形成/提供成员决定参与所需的明确性。
- 鼓励他们做出决定并为自己的决定负责。

船长提示

及早实现明确性

在下一次一对一会谈中，你可以考虑向团队成员提出以下问题，以帮助他们获得围绕变革所需的明确性：

- 你能否用自己的语言描述一下此项变革，包括正在发生什么事，这是一项什么变革?
- 这项变革发生的原因是什么？有怎样的背景？是什么导致了这一变革？我们为什么要做这件事?
- 此次变革会给你带来怎样的影响？你认为它可能会对我们的团队和组织造成怎样的影响?
- 你对这一切有何反应?
- 为了更好地理解这项变革，你还需要弄清楚哪些问题，或者还需要哪些背景知识或信息?

为什么变革感觉像密室逃脱游戏

让我们把破坏区想象成一个“密室逃脱”（一种流行的游戏。游戏中，参与者走进一个房间，并且在那里寻找线索，动用逻辑思维，完成给定的任务，才能完成游戏并最终“逃生”）中的“密室”。该游戏起源于21世纪初网络浏览器上的网页Flash游戏，随后在美国、日本和匈牙利等地发展成为线下真人实景游戏，最后传播到世界各地。截至2019年年底，全球估计有超过5万个密室。

在密室逃脱中，玩家们迫切地想知道如何逃出密室。起初，他们甚至可能都不知道自己在寻找什么。逃离密室所需的信息并非显而易见：墙上并没有一张告诉人们去“了解这个了解那个，按照什么顺序做什么……”的清单。每一队人都必须自己弄明白这一切。就这样，玩家们开始游戏——他们打开抽屉，破解线索，寻找规律和异常现象。每个玩家都有其独特的解决难题的视角、见解和方法。

那么，破坏区需要怎样的信息明确性呢？我们真的无法给出答案。不同的破坏区会有不同的明确性需求。有些变革是复杂的，而有些却很简单。有些是违反常理的。人们对变革的反应各不相同。你的团队可能有一半人是“等待”，一半人是“动力”。你们也可能有80%的人是“放弃”，而其余的人是“抗拒”。也许团队中有一些人准备好了改变，只是害怕面对一群抵抗的人。你们可能有百分之百的人渴望改变，但却不清楚去向何方。你的团队可能不同意变革的愿景，又或者你团队中的某些成员可能会同意你的意见，只是觉得没有能力应对变革。他们可能有一些有待回答的问题：“我是否会失去工作？”“此次变革有谈判的余地吗？”“我的职责是否会改变？”“你为什么不早点告诉我们这件事？”团队中的每个成员都可能有各自不同的明确性需求。

而且，变革可能不会按照你这位领导者预期的方式发展。尽管你进行了周密的计划和准备，但变革常常会偏离轨道，就仿佛你美好的愿望遭受当头一棒。

每个密室都是不同的，因此每次“逃脱”也会有所不同。你的团队中的每个成员就好像都分别处于一个单独的密室里，并且需要找到自己的出路。对于某些人来说，会很容易找到门并且打开它。而对于另一些人来说，这件事将会比较有难度。但对于每个人来说，都只有一条出路。你只需要帮助他们找到它。对于每个团队成员如何按照他们自己的节奏主动参与到变革中来，你在对此做出预期时要保持情感上的灵活和敏捷。在具体工作场所面见每个人。每个人需要帮助的程度各不相同。与团队成员一起收集信息，寻找线索，运用逻辑，找出哪些是相关的，哪些是不相关的，在看似不相关的事物之间建立联系，运用你的直觉，发挥你的创造力。

一旦团队成员获得了所需的信息明确性，他们就可以在决策点打开大门，进入接纳区。虽然我们希望密室的墙上挂着一份如何提供明确信息的清单，但实际上却并没有。然而对于你和你的团队来说，即便没有这份清单也没关系，因为拥有一个变革框架就意味着你可以应对眼前出现的任何密室。

克里斯蒂·菲利普斯

分享促进变革的经验（EMR系统的采用：第三部分）

让我们再次回到我参与的那项巨大变革中来：帮助医院从纸质档案过渡到电子档案系统。

我目睹了这次变革给员工带来的烦扰。现在一切都必须记录下来。例如，在手术间隙，清洁医疗设备和仪器的人员必须记录他们所做的一切。他们必须以某种方式将每一个物件录入系统，每个钳子、镊子、手术刀、麻醉机。每件东西都需要记录为“已清洁”。护士在接触病人时需要做记录：何时给予药物、何时测量病人的生命体征、何时做笔记并交给下一班的护士。打扫房间的人不喜欢换成电子系统。医生们不喜欢这个系统。许多人不得不改变他们的工作方式。我们在早期评估了各种风险；预测了员工会如何反应（无论是个人还是集体），并且准备根据员工的有些可预测的反应来引导他们朝向我们希望的方向发展。我们的目标是沉静地接受业绩下滑，沉静地面对各种反应，同时做好充分准备。

我们的变革管理计划包括创建学习团队。团队成员会分享经验，对存在的问题提出反馈，以便问题得到解决和纠正。我们的计划还确保能够对进度进行量化管理，以进一步明确所要求的最终状态，并确保发展势头的持续。正如我们在密室逃脱例子中所看到的，这意味着要针对不同的个体采取不同的解决办法。这些办法的产生依靠持续的对话和反馈，同时形成上行和下行经验交流，以便我们可以充分利用所吸取的经验教训，并做出必要的调整。可以说，虽然不是每个人都能“走出来”，但组织中的绝大多数人都找到了出路并到达了出口（即决策点）。

由独白转向对话从而提高明确性

当变革发生时，你是否会倾听员工的声音？有时候，倾听变革对团队成员的影响是倾听那些对你来说似乎无关紧要但对他们可能很重要的事情。要倾听他们看重的东西。

柯蒂斯·卡塞尔（Curtis Cassel）是一位备受尊敬的建筑师，以其公司在公立学校设计方面的卓越成绩而广为人知。然而此时的卡塞尔却感到大惑不解："在我的职业生涯中，从未在学区公投活动中失败过……我有信心，我有声誉，我有学校董事会主席的支持。"卡塞尔所缺乏的是选民的支持。选民们极不支持。选民们愤怒了。指望全民公投同意为整个地区的建筑升级提供资金的想法看来要彻底落空了。

卡塞尔的公司TRi是一家建筑公司。公司原打算办一次平淡无奇的首次公众参与会议。计划出席人数不到250人。现场竟然来了500多人，远远超出了房间所能容纳的范围。卡塞尔描述了当时的情景："我们对'教育的未来'的演讲多次被打断。台下的声音变得越来越大。局势越来越紧张。我采取了我一贯的做法：走进人群，让持不同意见者用麦克风发言。没有用。愤怒情绪在升级。我试图将他们的注意力转移到'不增税'债券发行上。可他们并不买账。"

他们为什么不买账呢？

很快我们就发现，该公司提出的优先事项与这群选民（父母）认为需要解决的问题截然相反。一道几乎无法弥补的鸿沟出现了，再多的"讲述"也无法弥合这道鸿沟并达成共识。卡塞尔意识到社区需要公开谈论他们最重视的问题：安全。很多学区物业50年来都没有太大的改善，存在很大的安全隐患。"重心将转向安全问题。孩子的安全……"重点是修什么、在哪里修。卡塞尔讲述了第二次会议的经历："第二次的公众参与完全不同于上一次。尽管基调是从上次结束的地方开始的……"我们用让人瞠目结舌的照片披露了学校很少希望选民看到的情况：裸露的电线、无法使用的厕所、违规行为、损坏的楼梯、被水淹没的地下室和含石棉的材料。我们讨论了缺乏适当的空调及其对儿童的影响，展示了建筑物中不符合对残障人士无障碍及区别对待的条件的区域。我们慢慢地展示着信息。这些信息深入人心，发人深省。

"然后我们请求所有那些同样充满敌意的人帮助我们。我们请求他们帮助我们为如何花这笔钱排出优先级。对他们来说什么是最重要的——去除有害物质，空气质量，更新行为规范，管道？我们应该把他们的资金花在哪里——用在每个学校？一次数个建筑物？当你只有所需资金的三分之一时，怎样做才是最公平的？"

卡塞尔从独白转向对话。他让父母也加入了谈话。

作为领导者，要想帮助你所领导的人到达破坏区尽头并接近决策点，你应该基于共同的价值阐明变革的理由。找到存在于组织认为重要的东西、你作为领导者认为重要的东西以及你的团队认为重要的东西之间的交集。它会成为提高团队参与度的强大工具。

玛琪·普莱谢特

寻找价值的交集

我始终感觉，在领导者负责实施变革时，变革的社会和心理部分常常会被忽视。通常，领导者会过度专注于变革的目标和实现目标的后勤补给途径，以至于他们有时候忘记了变革实际上是与人相关的事情。变革无法自行实现。它需要人的参与，而每个人都有自己的目标、恐惧、个性、偏好、成长历程、见解和价值观。组织的变革不太可能会与每个人的目标和价值观完全一致，但却很有可能找到二者的交叉点。对于变革领导者而言，这是一项可以充分利用的最佳策略——找到这些价值相交叉的点，以便团队成员能够通过它们看到所提出的某项变革可以为双方带来哪些好处。这是一种基于双赢思维的行为/表达。

要先了解团队成员看重的是什么。这不是你一时一刻就能掌握的东西，而且也不应该专为变革而为之。对团队成员的了解需要时间，并且通过倾听、观察和对话来了解他们所重视的东西。只有通过这种方式，我们才能了解他们的动机是什么，以及在哪些方面他们能够比较充分地与当前任务相关联。

要知道，你的员工也会对你重视些什么有所感觉。他们会通过对领导团队的揣度以及对同事和业务运作方式的了解，形成对公司整体的看法。员工们都听到过公司对其价值观的表述——这些可以从企业愿景和使命以及领导层的言论中捕捉到——然而他们非常善于观察语言和行动之间的差异。他们也许是在本能地评估你、组织和团队是否与他们是一致的。

在第四章中，我曾谈到要为团队成员提供令人信服的变革理由。是什么能够让这个理由听上去令人信服？是当公司的价值观与员工价值观出现交集的时候；是当领导者能够清楚地阐明这些价值交叉点并且鼓励员工选择参与变革的时候。当然，诚信自始至终都很重要，但在变革时期，员工可能更容易审视领导者的行为和意图，因此向员工表明他们可以信任和相信这些价值观的交集，这一点此时显得尤为重要。

最近，在富兰克林柯维的一次客户工作会话中，有一个人表达了对其公司具有讽刺意味的行为的失望：该公司吹嘘“其核心价值观是尊重、包容、信任和责任”，然而此人的团队却被告知很快就会发生重组，而对于重组如何运作，以及人员受到影响时如何获得支持，却没有更多下文。她在工作会话中大声表示，她无法全身心投入工作，因为她不知道到本周末自己还能不能有工作。在休息期间的一次谈话中，她说：“我为这家公司付出了很多。即使我被解雇了，如果知道有遣散费或者有帮助我度过这段时间的支持计划，我也会感到满意。然而什么都没有。他们只是用这样一个事实来让我们担惊受怕：我们当中的任何人都有可能失去工作，一无所有。”她对公司在价值观方面的言行不一感到愤怒，而且让她感到失望的是，自己的价值观似乎对公司没有多大影响。

除了重组期间的透明度或者在其他组织变革中的财务利益之外，对于正在考虑自己在执行变革过程中所扮演的角色的团队成员来说，也许被认可也相当重要。如果被认可是团队成员所看重的，那就将这一项考虑进来！如果他们想要的是你个人对其贡献所表达的感激之语，那就给予他们这些。无论员工看重什么，这些话都会是潜在的激励因素——所以要了解对他们而言哪些事情是重要的。众所周知，在新冠疫情之后，人们开始对众多价值观进行重新思考、重新排序。因此，对于任何领导者来说，一项至关重要的工作是：你不仅要理解这些价值交集，而且要加强个性化领导风格，以更好地发现这些交集并与之相接。随之而来的是感受、行为和行动。开诚布公地讨论哪些事情对你和公司领导层来说是重要的，然后找到共同点。当他们看到你的价值观、目标和愿望在某些方面与他们的一致时，你便向他们展示互惠互利的可能性，并持续与之倾心交谈，然后你就会看到支持团队成员的美好回报：他们会选择参与。这是双赢！

在情绪激烈及高风险的情境下到达决策点

当面临强制性的变革时，我们的人类反应就是反击和抵制。引导团队成员进行变革的领导者很有可能会遇到这种情况，特别是在情绪激烈或者风险很高的情况下。有时悲剧会降临——可怕的事情会发生，我们会感到极度伤心。这就是生活的现实，无论是个人生活还是职业生活。然而前提是，即使发生了涉及高风险或情绪反应激烈的变革，一个人能够做出的每一项选择都会帮助他在某种程度上重新把控变革对其所造成的影响。也许我们会感觉失去了选择的可能性，但高效的领导者能够帮助指导团队成员在某种程度上找到前进的信心，无论它有多么微小。这可能意味着你需要放慢速度，多花一些时间与他们相处，但这是一项非常值得的投资。

> 一个人能够做出的每一项选择都会帮助他在某种程度上重新把控变革对其所造成的影响。

船长提示

通过价值沟通实现明确性，从而提高参与度

在一对一或小组会议中，请团队中的每位成员回答以下问题。如果你的团队感觉回答这些问题有难度，与他们交谈，讲清楚你的价值主张。如果你遇到高风险或情绪激烈的情况，你可能需要投入更多的时间来帮助团队成员处理其对变革的反应，并了解他们的想法、感受和行为。

- 此次变革让我们产生了哪些想法、感受和行为?
- 变革对我们有什么影响?
- 在这种新情况下，怎样才算成功?
- 成功路上有哪些障碍?

如果你的团队成员需要更多信息才能在其所看重的东西与变革之间找到关联性，你可以思考并回答以下问题：

- 组织的价值观是什么?（这些很可能会从某些地方找到。）
- 这些价值观对变革的目标有何影响?
- 你的团队的价值观是什么?
- 你的团队成员的价值观是什么?（如果你无法回答这个问题，在下次一对一会谈时可以以恰当的方式询问团队成员。）
- 在个人、团队和组织层面上哪些价值观是一致的?
- 了解这些共同的价值观之后，你将如何将你要传达的信息与

这些价值观结合起来，从而实现破坏区所需的明确性？

- 采取上述行动将在多大程度上提高团队成员主动参与变革的可能性？

跨越决策点

在破坏区的工作完成之后，也就是说，你的团队已经拥有了足够的积极主动性去应对变革中可控的部分（同时放弃其不可控的部分），那么接下来要做的便是同他们一起跨越决策点。

第七章 The Point of Decision

决策点

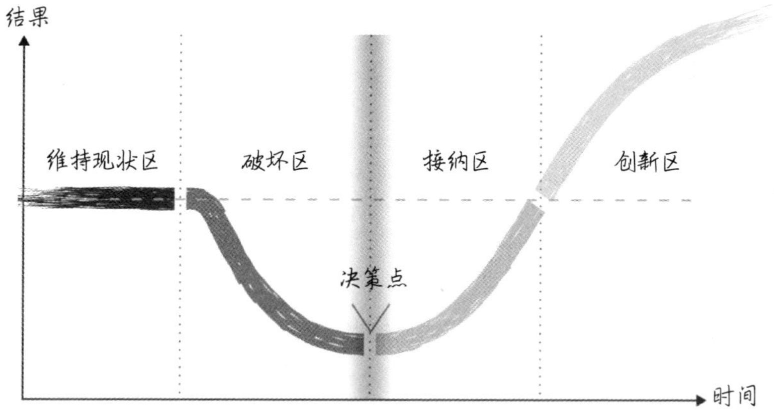

图 7–1 决策点

获得对变革持久的参与意识和责任感

决策点是位于破坏区和接纳区之间的出入口。这里是团队成员的思想发生转变的地方：从“你竟然这样对待我”转变为“我理解了当前的变革。我理解了它的原因和价值，理解了它对我意味着什么，并且主动选择参与变革”。

然而在决策点，人们往往倾向于想要重返以往一贯奏效的老路，简单地接纳不及从前的结果。

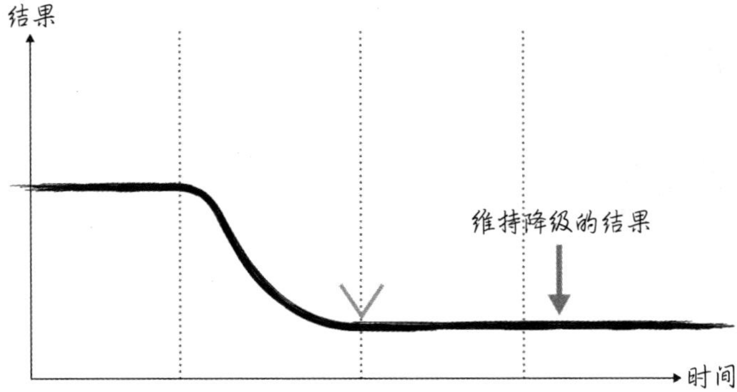

图 7-2 维持降级的结果

毕竟，变革发生了，而且变革对结果的影响是你无法控制的。这会诱使人们对旧的行为“双倍下注”，希望最后能从中得到回报。然而这种做法几乎于事无补。商界里这样的故事不胜枚举：一些无法走出破坏区的组织坚持“一切照旧”，因而最终为此付出了代价（有时甚至是倒闭）。

决策点处的变革反应

让我们回想一下“谁摇晃了船”这则寓言故事里船长和船员们到达决策点时的经历：水流载着“成果号”来到一片沙滩上，船员们便在此抛锚上岸。当他们在岸上集合后发现，这里的沙土非常黏腻，每迈一步都感到很吃力。人在上面行走的速度十分缓慢，就好像这个地方刻意想要困住他们似的。船长发话：“我想大家可以在这里休息一下，但是不能待得太久。让我们想想接下来该怎么办，然后行动起来。”

这里值得注意的是，人们在经历破坏性的变革时确实存在保持现状、原地不动的倾向。虽然船长对跳下瀑布的代价和船员们一样清楚，但是领导者依旧有责任去引导船员做出决定并且尽心尽力地执行该项决定。在破坏区所做的提供明确性的工作为团队在此刻主动参与执行决策并为其担负责任铺平了道路——这是一项针对个体的重要投资，并且终将在接纳区艰难攀登的过程中产生回报。

在破坏区所做的提供明确性的工作为团队在此刻主动参与执行决策并为其担负责任铺平了道路。

船长提示

评估对变革的投入程度

通过团队成员的工作、一对一会话和团队会议对其进行观察。密切关注他们针对变革的行为和语气。始终表现出好奇心，但不要做出评判。

记住，变革公告并不等于变革沟通。要与每个团队成员讨论他们的反应以及参与变革的意愿，并为此做足准备。

1. 列出每个团队成员的姓名。

2. 尽最大努力猜测每个团队成员正处于变革的哪个区域。

3. 根据你的观察，确定每个人目前对变革的反应：快速行动，尽量不变，静观其变，抵制不变，退出回避。提醒自己，这些反应只能代表当前的情况，而不是永久性的。

4. 思考变革中的每个团队成员如何受到其他人的影响，或者给他人造成怎样的影响，然后集体讨论每个人所做反应背后的原因是什么。

基于该评估方法，安排与每个团队成员的一对一会谈，讨论他们在变革中所处的位置。

1. 姓名	2. 所处区域	3. 变革反应	4. 对原因的思考

在一对一会谈中，你可以采用下面列举的任何一句作为开场白：

- 我想询问一下你的情况，听一听你最近对变革的感受。
- 此次变革对你、你的工作和团队有何影响？
- 我最近注意到你（你所看到的实际行为）……我因此认为你可能感觉不那么投入。谈谈你的感受吧。
- 变革对你造成了哪些困难？你最关心什么？
- 你认为此项变革是否存在某些积极意义？有哪些积极意义？
- 你认为此项变革会给你、你的团队和组织带来哪些机会？

全球疫情期间的决策点

截至2020年年底，新冠疫情导致超过110 000家美国餐馆和酒吧关门：有些是暂时性关门，有些则是彻底倒闭。这意味着250万人失业，销售额下降2 400亿美元。而且这些不仅是挣扎求存的初创餐厅，更多的是在当地颇有名气、平均寿命为16年的企业。大多数大型连锁店幸存了下来，而家庭经营式的餐馆则受到重创。

你应该还记得当时的情景。大多数人在疫情期间都经历过令人痛苦的困境。即使你不从事餐饮业，也不会面对他们所面临的无数聚拢而来的毁灭性打击，但是你一定曾为如何弄到吃的东西——无论是从杂货店还是你最喜欢的餐馆——感到困难重重、忧心忡忡。许多餐厅都面临着自身的生存决策点，包括四食集团（Four Foods Group）。

2020年3月新冠疫情突袭时，肖娜·史密斯（Shauna Smith）突然意识到自己和自己的公司进入了破坏区。作为拥有并运营着72家餐厅的四食集团公司的总裁，她眼看着公司收入下降了40%、50%，甚至在某些情况下是70%。员工们不敢来上班，顾客不敢去餐厅用餐。

和地球上的几乎每个人一样，史密斯和团队一开始也是不知所措——新闻发布、政府命令和公众情绪似乎在不断变化。看来无论你做什么或者不做什么，总有人会不同意你的选择。恐惧笼罩了整个世界。

史密斯是本书一位作者的邻居和朋友，她向这位作者讲述了自己的故事。“有一种即刻的恐惧感……一种前途未卜的感觉，”她说，“我不知道会发生什么，也不知道我们最终会去向哪里。”但她明白，领导者的工作就是在面对这种惊乱时保持冷静并且继续前行。她对自己说：“好吧……我所知道的是，我很害怕。但这没关系。我承认这一点。而且我还知道，我们以前也遇到过挑战，但冷静的头脑总是会占上风。因此，我们将保持冷静，专注于我们能够控制的事情。”史密斯已经到达了她的决策点，并且开始努力理解这一变化。

在认识到哪些是可控因素之后，史密斯和她的领导团队做出了与当时许多其他餐厅不同的反应。他们决定要“蓬勃发展”，而不是仅仅度过这场疫情。为了让员工们认同这样的愿景，他们认识到目前所需要的是更加清晰明确的信息——而在疫情期间，这种信息是短缺的。她和她的团队搜索信息来源，以加深对正在发生的事情的了解，以便他们能够做出明智的决策，并为团队描绘出一幅清楚易懂的未来图景。

史密斯说：“我们要在早上6点钟上班。我们每天早上都会在作战室碰头两到三个小时，讨论正在发生的最新情况，比如疾病预防控制中心的指令，或我们州卫生部门发布的最新消息……作为一个执行团队，我们保持持续的沟通。”

他们还加强了与员工的对话，以了解他们对疫情干扰的反应以及感受。他们了解到团队成员对于下一步该做什么感到迷茫，这是可以理解的。空气中也弥漫着恐惧；员工们会问：“我还能付得起电话费吗？我还能付得起房租吗？我能为家人提供食物吗？”问题接踵而至：他们还会有工作吗？如果他们来上班会生病吗？他们会冒险把疾病带回家传染给亲人吗？公司采取了哪些措施来保护员工？

史密斯和她的团队坚持开门营业，“一如既往……继续上班”。他们意识到普遍存在的恐惧感，但也认识到“当恐惧加剧时，对勇气的需求就会更高”。因此，他们决定“继续到公司为团队工作……”。他们转向一种目标驱动的模式，并且提出一个口号：“确保安全，健康饮食，让团队继续工作。”他们与员工谈论安全问题：“我们向团队成员承诺，如果他们想继续来上班，我们将为他们提供一份工作。但如果他们觉得上班不安全，那也没关系。他们可以暂时休假，等事情稳定下来后，欢迎他们回来。”

这对许多员工来说是非常重要的，有助于减轻他们的恐惧感。即使在变化的这一阶段，史密斯和她的团队也不清楚他们将如何应对未来的困难，但他们的乐观和同理心促使许多员工选择参与他们的方案。因此，他们公司“离开的人实际上很少”。

那么史密斯和她的公司想出了哪些解决方案呢？我们将在接下来的章节中讨论他们是如何穿越接纳区和创新区的。现在，我们先将其视为成功走过破坏区并到达决策点的典范。他们能够在全球混乱期间保持冷静，将员工放在第一位，并通过对话的形式了解变革所带来的影响，然后制定一个通向决策点的路线图，员工可以选择加入（或退出）。这就是人们到达决策点时的目标：超越变革带来的情绪，把控下一步该做什么。

询问“现在该怎么办？”

“现在该怎么办？”是一个在决策点上需要考虑的问题。它意味着要另辟蹊径。共同经历困难而产生的同志间的情谊对你的团队来说或许是一把双刃剑：他们可能会在一起相互同情、抱怨、发泄……陷在破坏区不能自拔。他们也可能会团结一致，并且下定决心改变现状。并不是每个人都会“全力以赴”——可能会有一些人比其他人更愿意为变革担负起责任（还记得寓言中的“动力”吗？）——然而培养承担变革责任的普遍意愿会有助于推动整个团队前进。

领导者要做的是明确方向，而不是打成一片

领导者必须表明他们本人也在积极主动地参与变革——不流露出任何悲观的情绪。然而很多时候，变革领导者往往会觉得自己应该与手下人打成一片，同他们一起发牢骚，同情受害者，甚至参与他们对变革发起人的批评。这种做法只会让团队长久地停留在破坏区。高效的变革领导者会着眼于“现在该怎么办？”的问题，并以此来引导团队主动应对问题。这些领导者能够在变革模型框架的指导下，引导他们的团队向前看，而不是向后看。他们会帮助员工理解在决策点上所做的决策是要参与变革，为变革积极投入，朝着变革前行，采取主动而不是被动的态度，做需要做的事（不是因为有人让他们这样做，而是因为他们想要这样做）。他们并不期待别人替自己解决问题。他们做出承诺并采取行动。最终，团队成员会认识到，虽然他们无法选择变革是否会降临到自己头上，但他们的确可以选择自己如何应对变革。

最终，团队成员会认识到，虽然他们无法选择变革是否会降临到自己头上，但他们的确可以选择自己如何应对变革。

通常，变革是与公司的愿景或某个具体战略相关联的。在团队成员承诺与你一同踏上变革之旅的同时，提醒他们变革背后的这一重要原因。

克里斯蒂·菲利普斯

及早实现明确性（EMR系统的采用：第四部分）

拒绝改变，无论是在当下还是在将来，迟早会让你尝到苦果。在变化尚处萌芽状态的早期，掌控变化是最容易的。否则，它就会变得越来越

难以控制，并且最终让你无法应对。

我之前讲过，在协助某医疗健康系统实施技术更新的过程中，我有机会深入变革一线。当时我和我的同事们意识到，中层管理人员的某些文化可能正在影响着变革方案的实施。在这些中层管理者看来，高层管理者采取的是一项持续时间长、预算庞大的重大计划，然而似乎很少考虑其实施会对一线工作人员以及仍然需要进行的患者护理的日常业务带来怎样的影响。与此同时，中层管理人员和变革第一线的人员对流程了解甚少，对结果的影响也很小，并且对项目的总体方向或当前状态的了解也很模糊。大量自上而下的沟通被用在未来成本节约及其他高层管理和战略方面的繁文缛节上，然而所有这些都没有涉及护士的工作将如何改变，财务团队需要如何学习以不同的方式计算营业收入，以及信息技术部门由谁来负责解决与新系统相关的紧急技术问题。虽然大多数人认为领导层最终会明确信息并提供培训，但项目在没有这些保证的情况下进展得越久，大家就会越觉得不适和焦虑。

这个问题成为我的团队需要克服的主要障碍。我们必须找到大大小小的方法来消除医疗健康系统这两派之间的敌意。我记得有一次，首席执行官有机会掌控变革，但没有抓住这个机会（致使他处于不利地位）。他没有直接与他的直接下属交谈，而是将对话的机会交给作为中间人的人力资源和其他部门。长期的经验告诉我们，变革中最值得信赖的关系涉及距离你最近的领导者，而最不值得信赖的关系涉及组织中距离你最远的人——通常情况下就是高层领导。不是因为他们不值得信任，而是因为你们之间没有关系。这就是变革领导力的意义所在——经历变革的人之间的关系，以及自始至终坚持开放、诚实和富有成效的对话的能力。

并非所有人都能同时到达决策点

并非所有团队成员都能同时到达决策点，也并非所有团队成员都会做出相同的选择。他们可能会：

- 选择继续寻求明确性
- 选择撤离
- 选择参与

作为领导者，你无法为团队成员做出决定，但你可以影响他们选择的时机和方向。

对选择继续寻求明确性的人如何做工作

想象你是一所高校的管理者。学校里的每位老师平均每天教150名学生，有时会涉及多个科目。该学区推出了一项新的课程设置和训导计划，旨在培养更好的学生行为并提高州考试成绩。员工们更喜欢旧有的课程设置，喜欢以自己独特的方式训导学生。而新的课程设置看上去既陌生又难掌握，而且还涉及一些令人难懂的新技术。

学生的成绩下降了，教师的士气也跟着一落千丈。作为领导者，这些挑战对你来说并不奇怪。适应新课程设置、新技术和新的训导方法需要一些时间（最好不要太久），这是合情合理的。在你看来，出现一些挫败感也是可以理解的（部分原因在于这是5年内第3次更改课程设置！）。你理解人们对变革的反应，并且你已经在教师会议、电子邮件和闲聊中看到了他们流露出的反应：静观其变、尽量不变、抵制不变、退出和放弃。你预料到学生成绩可能会下降，并且员工会对这一变化有不同的反应。你不会因为这些事情而责怪他们。这是变革的正常规律。但现在到了拐点，该重返变化曲线的斜坡了。现在，你和员工们需要选择是否参与变革。

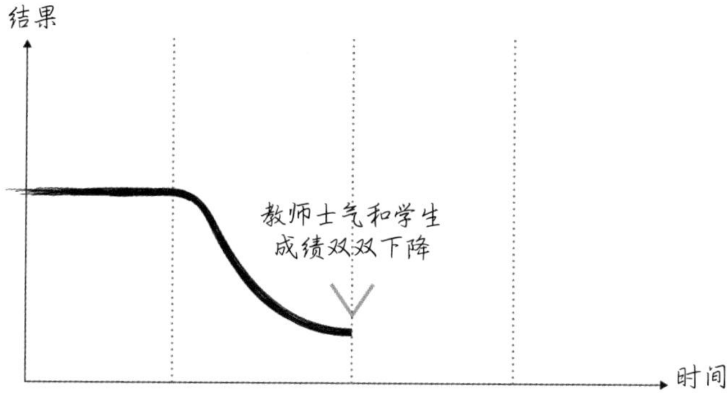

图 7–3 处于决策点的教师们

学校里的一些人可能会倾向于认为自己不必做出选择，认为他们可以推迟或忽略眼前的决策点。他们在学区任职期间曾多次采取这种做法，而且一切会莫名其妙地重返旧习，学生还是会进步，并且展现出更高的能力。他们相信自己完全能够走出破坏区。然而决策点是走出破坏区的大门。那些避开这扇门的人实际上还是做出了一项选择——他们选择在破坏区内停留更长时间。

船长提示

对需要更多明确信息的人如何做工作

如果你感觉有些人之所以步伐迟缓可能是因为他们缺乏迈向决策点所需的明确信息，你可以询问自己以下几个问题：

- 我的团队中有哪些成员还没有到达决策点？
- 是什么阻碍了他们到达决策点？
- 这些人的迟疑不决会给团队造成怎样的损失？
- 我如何才能帮助他们做出决定？

然后，你可以在一对一的对谈中参考以下内容进行对话：

- 我注意到（描述你所见到的有关尽量不变、抵制不变、静观其变或退出回避的行为表现）。
- 我因此认为你可能需要获得更明确的信息来帮助你做出决定。
- 对此你有何看法？
- 我们能做些什么来帮助你决定主动参与变革？
- 我能做些什么来帮助你选择参与变革？你需要我进一步提供哪些说明、背景知识或信息才能帮助你做出决定？
- 我们何时再做进一步的交流？

对选择消极怠工或辞职的人如何做工作

在决策点，你的团队成员可能会选择消极怠工，不接受或者不参与变革。这种行为本质上是选择维持降级的结果。

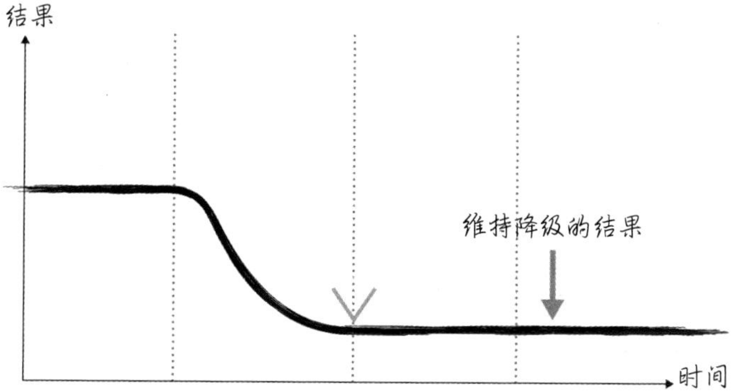

图 7-4　维持降级的结果

作为领导者，你或许会发现你的一些员工可能对变革并不满意，并且选择消极怠工。他们以一种静默的（或者不那么安静的）抗议形式有意放缓前进的步伐。你的职责是帮助他们认识到，虽然在破坏区期间业绩下滑是可以理解的，但持续糟糕的结果却是不可接受的。变革的目的并不是为了取得更糟糕的结果。鼓励他们主动选择参与变革，而不是安于一个新的、降级的现状。

如果你的团队决定要在变革中取得成功，他们就需要有韧性和不畏困难与挫折的恒心。在我们所讲的寓言中，船长提醒船员们"我们的任务是把'成果号'和船上的货物送到……"。尽管经历了种种艰辛，但他们的目标和责任却并未动摇。船员们已为此签约。在他们成为该船的船员之时，就承担起了将货物运送到目的地的责任。

"放弃"抗议道："货物就算烂掉了又关我什么事。我讨厌这个鬼地方。"

对此，船长回应道：“我们还有需要完成的工作。这一点并没有改变。”

帮助团队成员认识到，任何艰难而有意义、有目标的旅程都会存在变化、挫折和挑战；当初正是由于对这一目标有足够的信念他们才签约成为一名“船员”的；而你本人，作为他们的领导者，对他们的信任始终如一，不曾改变。而这正是他们加入你的团队的原因。帮助他们回忆起自己最初同意加入的原因，但不要就此止步。在帮助团队重温愿景、实现愿景的策略及其责任的同时，还应让他们看到，如果选择走入并且成功走出决策点，进入接纳区，他们将会获得什么样的机会。

在“谁摇晃了船”故事里有这样一段话：“结果是，每个人所关心的事情和对事态的反应各不相同，但是船员们最想要的，是一个思路清晰、计划周密的行动方案。”这是可以理解的。人们想要获得“计划周密”的行动方案所带来的安全感。但是只有在团队成员打开这扇门并且积极参与行动的条件下，这样的行动方案才能出现。要记住，尽管人们希望在自己积极参与之前就能看到此类行动方案（而且这种倾向性不亚于领导者希望单凭发号施令就能让人们行动起来），但是有效行动方案的形成以及真正工作的展开却是发生在决策点的另一侧。

有时，尽管你尽了最大努力，对于团队中的某些人来说，破坏区可能还是超出了他们所能承受的范围。他们可能会决定放弃并且离开组织。虽然他们（以及团队的其他成员）可能会因此觉得自己脱离了破坏区，但实际上他们不过是选择了另外一个同样有着自身破坏区和决策点的变革历程。或许新的变革之旅会为他们带来更好的体验或更大的机会，对此我们不得而知。不过可以肯定的是，他们所去的地方会有变化发生。提醒那些

“落后”的员工看清这一现实，会对你的工作有很大帮助。

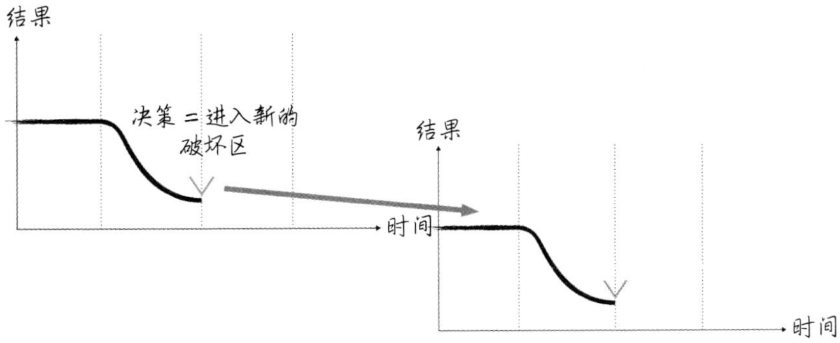

图 7–5　选择另一趟变革之旅

作为领导者，你所面临的一个难题是如何做想要跳槽的人的工作。人员流失和重新招聘的成本很高，而留下那些消极怠工的人可能成本更高。对于领导者来说，这是一个两难的境地。当一个人跳入水中游向岸边时，是劝说他留下，还是挥挥手说声“祝你好运”，权衡二者的成本，这对于作为领导者的你而言，是件重要的事情。

选择变革

玛琪·普莱谢特

教练工作的核心内容就是变革：帮助人们改变思维模式和行为，从而创造新的机遇，以及实现愿望和既定目标。无论具体情况如何，如果受教者自身没有想要改变的决心，那么他们很少会采取行动或者争取实现目标，无论他们希望获得的改变是别人建议的，被强加的，还是自主决定的。如果不能下决心做出改变，就会表现出拖延为实现结果而付出的努力，而且通常会无意识地将自主权让与他人。

值得反复强调的一点是：受教者拒绝参与的教练服务或者改变协议几乎不可能成功。几年前，有一位母亲让她上大学的女儿接受我的有偿指导。我从第一次谈话中就判断出，她对她母亲想要的改变不感兴趣。无论是教练课程还是所定的目标都不是她的主意。她的母亲解释说，女儿正在考虑退学，这与他们重视高等教育的家庭价值观背道而驰。这位女儿想要的是能让自己，而不是她母亲，有满足感的生活。说实话，这可以说是一个改变人生命运的教练目标，然而无论是对于她自己的目标、她母亲的目标还是教练课程的目标，她自始至终都没有达到认同的程度。因此，她虽然支付和预订了6次课程，但却只参加了2次。

除非我们经由决策点处迈过积极参与的门槛，否则我们将永远不会获得改变所需的动力。无论是对于学生、管理人员、个体专业人士、企业家还是自由代理人而言，情况都是如此。

与前面所提到的那位学生相反，一个下决心参与改变的人是有成功的希望的！以我指导过的一位女性为例。在公司担任总监一职5年后，她为自己设定了获得更高职位的目标。虽然变化的决定是她自己做出的，但是沉落在破坏区的过程同样让她感到迷失方向。对她来说，给她带来困扰的是，她意识到自己想成为组织中高层领导者的愿望不一定被那些能够提拔她的人所认同。在他们眼里，她的价值似乎仅限于作为一名中层管理者所做的工作。她第一次发现，升职并不是理所当然的事。仅仅通过提交简历是不可能实现这一目标的。

她对自己的情况进行了反思，结果伤心地发现，自己作为领导者所取得的成就很少得到认可。现在，她希望获得的改变不仅让她看到了别人对自己的看法，而且也让她看到了自己是如何看待自己的。这一发现让她大吃一惊。

> 除非我们经由决策点处迈过积极参与的门槛，否则我们将永远不会获得改变所需的动力。

但是后来她顿悟了。她要么徒劳地等待有人来帮助她获得晋升，要么为自己的职业发展和成功担负责任。她知道自己需要建立关系，打破障碍，需要更有效地展现自己。她仿佛突然开了窍。她选择积极投入到自己想要的变革中来。就如同她所说的：“我的未来由我掌控。除我之外别无他人。”

这就是赋予她魔力（自主权）的决策点。这种魔力让她能够做任何成为她想成为的高层领导者需要做的事！正是在决策点上，每个客户和变革推动者都相信他们的努力投资能够获得回报，并且获得了想要至少尝试一次的动力。

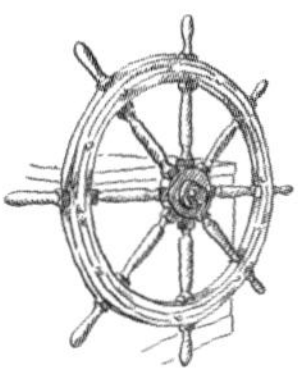

船长提示

对选择消极怠工或辞职的人如何做工作

对于采取消极怠工态度或者考虑跳槽的人应该如何交流呢？你可

以在一对一交谈中询问以下问题：

- 我注意到最近你（你所看到的实际行为）。因此我认为你可能感觉对工作没有以前那么投入或者可能正在考虑离开公司。对此你是否有不同的看法?
- 是否发生一些我可能没有意识到但有助于我了解你目前情况的事情?
- 我怎样才能让你选择留下来并且积极投入工作?
- 我们不会永远停留在这种混乱局面。我们会从中走出去，进入接纳区以及之后的创新区。在我们沿着这条变革曲线前进的过程中，你认为未来会有哪些机遇?

获得到达决策点所需的投入感

在决策点的所有事项中，只有一项可以用来打开通往接纳区和创新区中一切可能性的大门：主动选择参与变革。

没有人能保证你和你的团队在接纳区一定会取得更好的结果——你们仍然有很多工作要做——但是，与其他选择不同的是，由此通往更好结果的道路是畅通无阻的。

让我们回顾一下前面讲过的学校场景。校领导的目标是引导教师们走向决策点，帮助他们摒弃安于现状的想法。教师们之所以能够认同，不仅仅是出于对领导者或其职位的尊重而表现出的礼貌。虽然人们可能会倾向于对顺从权威、漠然接受或者强制服从表示认可，并借此将团队带到下

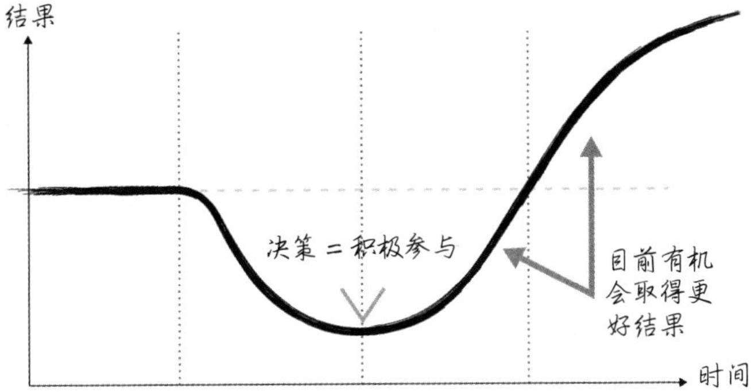

图 7–6 打开通往更多机会的大门

一个变革区域，但是你终究需要判断跨越决策点所需的投入感产生的契机。如果你能够鼓励团队成员积极投入并主动参与变革，定会获得非凡的效果。

柯蒂斯·贝特曼

一项选择和一条变化轨迹

我之前提到，2016年我携妻子和3个孩子移居英国。抵达后，我13岁的儿子卡尔文便开始上学了。新的学校和考试制度让卡尔文感受到了压力，而更是让这种压力雪上加霜的是，他突然之间要去一所男子学校上学，而且还要穿校服：白衬衫、西装外套、黑色休闲裤、正装鞋和与学校建筑颜色相配的领带。

很明显，卡尔文讨厌这里，讨厌我强加给他的对他毫无帮助的变化。移居英国后，他以往所习惯的学校生活被彻底打破了——班上没有女孩子，班级生活一成不变，评分系统也有很大不同。再加上还要戴领带！

第一年，卡尔文陷入了变化的破坏区。一切都不对劲儿。学习和生活都感到很难受。但是后来，一年之后他意识到自己是可以做出选择的，是有事情可以做的。他是如何认识到这一点的呢？作为父亲，得益于我与富兰克林柯维公司的关系以及与畅销书《杰出青少年的七个习惯》（*The 7 Habits of Highly Effective Teens*）的作者肖恩·柯维（Sean Covey）的友谊，我乘机将这本关于青少年领导力的书递给我十几岁的儿子看。我现在意识到，他花了整整一年的时间经历一番挣扎和挫折之后，才达到了能让这样一本书产生作用的程度。但它确实起作用了。我认为我和妻子给他的建议也有帮助。尽管有这些教育、影响和时机的把握，跨过决策点还是要靠卡尔文自己做出决定。让我们双方都感到欣慰的是，他做到了，并且从未回头。

卡尔文开始思考如何将上学、社交生活和工作有机结合在一起。他决定让这一切成为可能——着手应对那些他能够控制的事情，而不是为那些他无法控制的事情愁眉苦脸。结果，他做出的选择彻底改变了他接下来两年的轨迹。他结交了一群朋友，学习成绩也突飞猛进。通过将变化重新调整至自己可以在某种程度上控制的范围内，卡尔文对变化的理解变得更加清晰。他也获得了足够的用来克服一切不确定性和陌生感的韧性，进而另辟蹊径，寻找新的机会。这一切都源于他对变化的责任意识以及他在其中所扮演的角色。这项决定只能由卡尔文自己做出。这绝非易事——需要有足够的韧性。而他最终找到了一条新的前进之路。

如今，回顾这段经历，卡尔文认为它拓宽了自己的世界观，增强了自己应对生活中意外转折的能力。而这通常就是变革的本质——破坏性、艰难性和最初的困扰性。如果我们学会先忍耐然后控制它，它就能够带来新的机会、更高水平的业绩和个人的洞见。

团队成员可以通过决策点相互影响

在上面的故事中，卡尔文主动参与变化的决定是他自己做出的——而不是他的父母。同样，在“谁摇晃了船”中，船长没有浪费时间通过广而告之的方式发号施令。那种做法不可能让船员们到达并通过决策点。虽然团队成员的投入度和敬业度各不相同，但一个拥有足够动力、足够共识和足够集体认可的团队是能够互相帮助和影响，并最终共同走过决策点的。寓言中写道：“所有船员都点头表示同意，只不过积极的程度有所差异。但这足以让‘等待’看清了发展的势态。”当“等待”（和其他船员）达到某种决策临界点时，他们感受到了团队的吸引力。有时候就这么简单。

正如我们在本书前面提到的，许多领导者告诉他们的员工要“接纳变革”，仿佛这句话就能神奇地让他们越过决策点。

然而这种事情不会发生。

领导者可以引导一个人走向决策点的大门，但要使变革成功，每个人都必须自己打开并穿过这扇门。

在寓言故事中，船长对船员们决定积极参与并且进入接纳区感到满意："船长感到很欣慰，同时他也清楚，走出峡谷这项任务将会让团队成员面临前所未有的挑战。"

作为领导者，尽管带领团队成员穿过这扇门并不是一件小事，但不要在这些荣誉面前沾沾自喜太久；真正的工作才刚刚开始。

领导者可以引导一个人走向决策点的大门，但要使变革成功，每个人都必须自己打开并穿过这扇门。

船长提示

与团队成员围绕变革展开对话

即使你们作为一个团队已经到达了决策点并且正在进入接纳区，每个团队成员的参与程度也可能各不相同。有必要了解他们的发展轨迹，因为下一个区域是大多数变革容易失败的地方。

- 评估每个团队成员在变革中所处的位置，然后在下图中时间线下方的方框中写下他们姓名的缩写（并确保你自己的姓名也包含其中）：

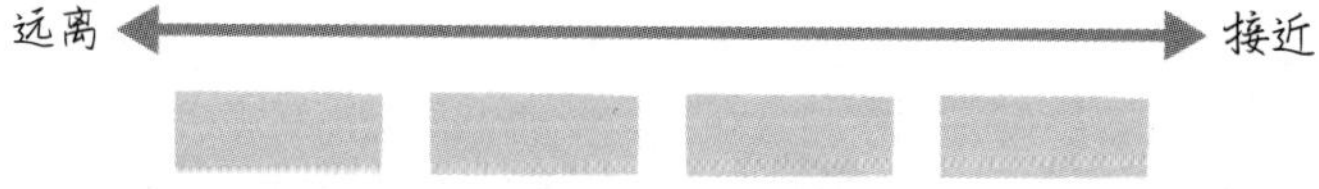

图 7-7 团队成员在变革中所处的位置

- 安排一次讨论会，优先考虑最“远离”变革的人。在下一次一对一对谈中：
    - 询问和倾听
        - 对于此次变革，你最关心的是什么？
        - 你需要明确哪些信息？
        - 对你来说，怎样才算成功？
    - 提供支持
        - 哪些工作可以帮助你提升对变革的信心？
        - 团队或者我本人如何帮助你前进？
    - 制订计划
        - 我们如何帮助你“接近”变革——选择参与并投入变革？
        - 我们何时做进一步的交流？

从决策点到接纳区

跨越决策点需要个体的认同和积极投入。这一点至关重要，因为在此获得的前进动力很快将会在接纳区受到考验。

第八章 The Zone of Adoption

接纳区

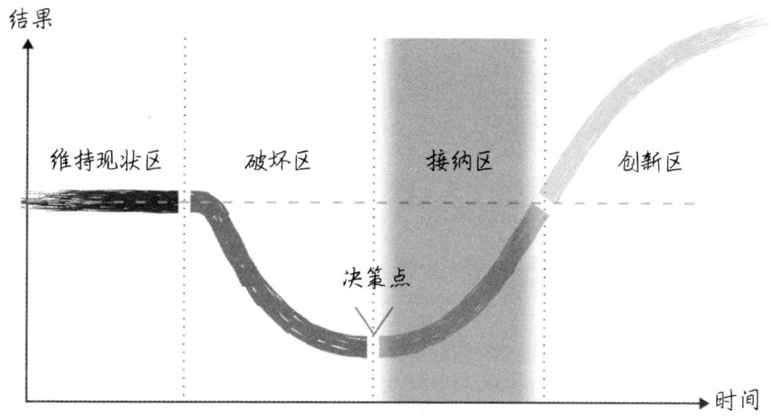

图 8-1 接纳区

持续鼓励团队成员坚持到底

接纳区是一个需要人人卷起袖子开始一种全新形式的工作的地方。而相应的风险也会随之而来，因为接纳区也是大多数变革举措遭遇失败的地方。作为领导者，你必须在整个爬坡的过程中始终保持积极的参与，鼓励团队成员在该区域所特有的反复试错中不轻言放弃。

从“问题”转向“需要克服的障碍”

对于如何看待接纳区，领导者是有选择权的。他们既可以将其视为一系列看上去永无休止的、妨碍他们抓住每一次前进机会的“问题”，也可以将其视为一系列有助于促使其团队成员自我提高、学习和成长的需要克服的障碍。我们推荐后者，因为无论你是否愿意接受挑战，挑战都会出现在你面前。而这种考验将如何强化（或摧毁）你的团队，在很大程度上取决于你。接纳区需要新的方针来应对新的挑战，这就意味着需要经历无数次试验和错误才能找到出路。高效的变革领导者能够为团队成员提供一个安全的环境让他们从失败中学习，从而在持续攀爬的过程中锻炼其“变革的肌肉”，而不是使其变得愈加羸弱。

船长提示

鼓励团队成员与你一起克服障碍，从而消除他们对失败的顾虑

在与团队成员进行一对一会谈或举行团队会议时，可以通过以下问题来对变革中遇到的障碍进行识别、理解和分类。变革障碍可分为以下三类：跨栏式（团队成员可以自行处理的障碍）、流沙式（需要他人帮助克服的障碍）和砖墙式（需要交由领导者解决的障碍）。与团队成员一起集思广益，讨论克服每个障碍的可能性解决方案。

会议结束时，要感谢团队成员有勇气谈论这些障碍并寻求帮助，同时表达你对他们定能克服障碍最终取得变革成功的信心。

障碍	可能性解决方案
你所面临的跨栏式障碍中哪些是你自己能够克服的？	你对这些变革有何看法？ 你迄今做过哪些尝试？ 有哪些可以应对该问题的可能性解决方案？ 你需要停止哪些工作，以便优先处理并解决该障碍？
哪种流沙式障碍减慢了你的速度或导致你停滞不前？	哪些情况阻碍你无法通过自己的努力摆脱困境？ 你需要谁或者什么来帮助你克服流沙式障碍？ 还有哪些其他我们应该考虑的可能性解决方案？ 我们需要停止哪些工作，以便优先处理并解决该障碍？
你遇到了哪些砖墙式障碍需要交由我来解决？（设定此类别的目的是收集未被归类为跨栏式障碍和流沙式障碍的所有障碍。而领导者的目标是为这些尚未归类的障碍寻找一个最终的合适的类别。）	还有哪些尚未归类的障碍？ 我是否是处理这些问题的合适人选？

接纳区中的变革反应

在“谁摇晃了船”中，船员们聚集在河滩上，周围是陡峭的崖壁和茂密的丛林。大家集体讨论，制定了一个爬上悬崖的方案：拆解这艘船，然后制作梯子、平台和滑轮。在接纳区，领导者经常需要解构变革之前所使用的工具、流程、系统、模型或结构。这意味着船员们在向上攀爬的过程中会面临诸多的困难，并且需要通过反复试错来解决问题：

然而即使是“最简化”也低估了事情的难度。这是一项极其艰巨的任务。他们需要在岩壁上找到合适的位置，将梯子摆放好，向上攀爬，固定梯子，搭建一个小的平台，然后再递上去一个梯子。如此循环往复。有时，船员们所到达的位置找不到任何适合用来固定梯子的地方，于是他们只好原路返回，尝试另外一条路线。有时，他们不得不将梯子横着放，朝着本不想去的方向行进，希望能找到另一条向上的路。还有些时候，大风险些将他们吹下悬崖！就这样，船员们一边应付着诸如此类的难题，一边在崖壁上左冲右突，时而上行，时而侧行，时而下行。然而尽管如此，他们始终保持着向上的趋势。

在变革模型中，那条稳定地向右上方延伸的曲线（对于模型来说，需要这种抽象化）在现实生活中看起来会更加杂乱无章：

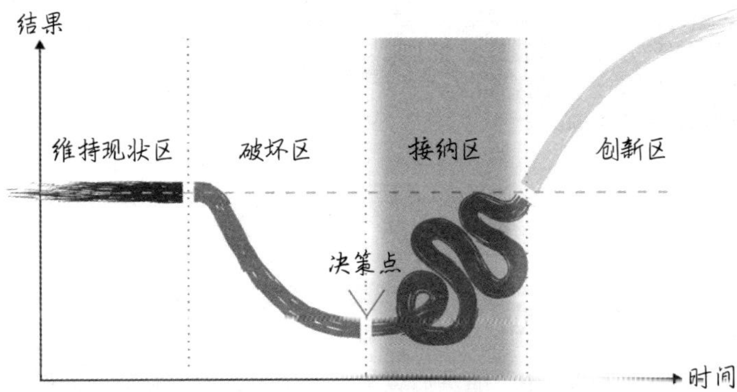

图 8-2 蜿蜒曲折的线

让我们观察一下船员们在面对接纳区中重大挫折时的不同反应是如何体现出来的：

然而，让他们感到十分沮丧的是，事实证明“放弃”之前的想法是对的。这些零部件太重了，即使用上所有的滑轮和支撑桅杆也难以支撑！不管船员们怎么用力，都无法拉起这一捆捆死沉的东西。

我们注意到，“放弃”为自己准确预测了失败的结果感到自豪，“等待”在一旁观望，“最简化”为该做到却没做到的事唉声叹气，“动力”希望庆祝他们所取得的成就，“抗拒”冷嘲热讽。从这些反应可以看出，这是一个需要提高参与意愿的团队！而这正是船长所做的事情：

“‘动力’说的确实有道理，我们在攀岩时克服了各种各样的困难。”船长发表了他的看法。他心里清楚船员们为走到目前这一步所付出的艰辛。

回想之前在崖壁上的奋力拼搏，船员们感觉到自己克服意外困难的能力似乎的确有所提高。

尽管在接纳区遭受了无法避免的失败，但是经历过失败的人如果百折不挠，就能够让自己的“变革肌肉”强壮起来。船员们正是这样做的。然而这一切需要船长的持续参与，在必要时给予他们鼓励和支持：

船员们意识到了自己所取得的成就。与此同时，船长鼓励大家再试一次。于是他们开始从消极抱怨转向解决摆在面前的问题。

与变革历程中的决策点上的情况一样，身处接纳区的船员们必须重新找回对变革的参与意识和投入感——而且很可能不止一次。而这正是攀登过程的本质。故事里，船员们最终将锅炉改造成蒸汽动力绞车。这种解决问题的能力水平将会在创新区为船员们带来额外的回报，而就目前而言，它足以让船长和船员们摆脱困境，重返“这条河的‘常态’”。

如果没有船长在整个接纳区持续有效的参与，船员们绝不可能登上悬崖（甚至都不会努力试着向上攀登）。相比之下，那些疏于参与或者“命令加控制”型的领导者的弱点就会暴露无遗——在接纳区内没有捷径。

那些疏于参与或者“命令加控制”型的领导者的弱点就会暴露无遗——在接纳区内没有捷径。

肖娜·史密斯和四食集团

在第七章的案例研究中我们已经了解到，肖娜·史密斯和她的领导团队成功带领员工到达了决策点。现在，他们该向上进入接纳区了。以“确保安全，健康饮食，让团队继续工作”作为口号和愿景，史密斯和她的领导团队及员工开始全力以赴。他们需要为员工、客户乃至范围更广的社区清除障碍，并且也要按照这个顺序处理。可究竟如何去做呢？他们没有全部的答案，但却在前进的过程中通过努力找出了答案——而这也正是处于接纳区的标志性特征。史密斯说：“我们立即将注意力集中在我们口号中‘确保安全’的部分。这意味着我们需要认真对待像戴口罩以及制定清洁时间表之类的问题。”

是不是他们尝试的每一件事都成功了呢？根本没有——挫折始终存在。“错误接踵而至。我们不断尝试，又不断放弃……我们意识到，我们认为行得通的东西却行不通。而这成了一路上的常态。”

但史密斯和她的团队依旧持之以恒，积极参与，并且努力为员工降低尝试新事物的风险。他们试验新的清洁时间表、清洁用品和通讯系统。他们同心协力，集思广益，尝试新的事物。和之前一样，有些是可行的，而有些是无效的。但是他们能够从失败中吸取教训，然后继续前进。于是他们逐渐看到了成功。史密斯回忆道："员工告诉我们，他们在上班时感觉比在自己家里更安全。"

在提高员工安全感的工作中需要考虑的另一个因素是：许多员工无法获得牛奶、鸡蛋和卫生纸等必需品。于是，领导团队开始为员工及其家人提供膳食。"我们为所有团队成员购买了肉、牛奶和鸡蛋，并且对他们说，每次你们来上班，我们都会送你们一份家庭餐包。我们会给他们提供一顿6人份的丰盛的饭菜。"

现在，他们的注意力该转向客户了。他们将如何穿过接纳区进而找到为顾客提供服务的方法呢？史密斯说："照顾好员工们之后，我们开始把重点转移到客户身上。为此我们安装了新设计的自助取餐柜。我们让所有员工都戴上口罩，穿戴个人防护装备。这让我们的客户感觉很好……他们甚至都不必下车。他们可以在网上下订单。"

虽然落实这些安保措施是件重要的事，但顾客还需要了解餐厅现在的运作方式。史密斯对我们说："我敢肯定没有人能立即意识到标牌的重要性。通过标牌我们让客户知道我们在做什么……我们始终信任他们。我们会提供二维码。有了所有这些标牌，客户开车来到我们几乎任何一家餐厅门前时都会知道该怎么做。"

在接纳区期间出现的另一个难题是知道什么时候重新开放餐厅大堂。史密斯回忆道："有些错误的发生是因为在重新开放餐厅大堂这个问题上不知道如何把握做决定的速度：需要多快或者多慢。在某些地区，我知道我们等了太久才重新开放大厅。我认为我们一开始失去了一些客户的信任……但最终我们打开了大门。他们终于又回来了。"

他们在接纳区特有的反复试错中继续攀登。"让团队成员持续工作，同时让顾客持续用餐，这项工作完全就像是演杂技。而我们的确就是这么做的。毫无疑问，我们学会了如何做到敏捷。我们就像是体操运动员。”史密斯回忆道，“还有供应链……这事儿想想都头疼！杯子从哪里来？吸管从哪里来？糖浆从哪里来？我们看到蛋白质价格在上涨，牛肉价格上涨了一倍甚至三倍。每一天我们都在为餐厅品牌所需的各种不同的供应品奋战着，但我们知道了什么是不该做的。我们从中吸取的教训是：尽可能做好准备并制订计划，以便我们知道该如何做出反应。”

由于供应链问题和其他困难，史密斯和她的团队改变了菜单。有一些改变是可以的，顾客似乎并不介意。然而，有一项改变却并不顺利。“我们把玉米片从菜单上去掉了（因为玉米片是劳动密集型的，会有更多人的手触摸食物，而人们认为人的手可能携带病毒）。有好多顾客因此而生我们的气……我们重新设计并重新制作了玉米片，这样不仅效率更高，而且更美味。”

四食集团的领导者们感受到了变革过程中那条蜿蜒上行的曲线的威力。但他们仍然坚持参与，百折不挠。“我会待在店里，并且会从小时工和一线管理团队那里听到好的想法。他们有最好的想法。所以对我来说，我非常乐意不必成为所有优秀点子的创造者——它们可以来自我周围的各个地方。我只需要善于倾听并且说：‘就这么办。让我们开始行动吧。’”

我会从小时工和一线管理团队那里听到好的想法。他们有最好的想法……我只需要善于倾听。

有了这些解决方案，史密斯和她的团队最终成功跨越了接纳区。从前，他们的正常状态是，员工轻松愉快地来上班，顾客来到他们的店里用餐，品牌店高效运营。后来，疫情的破坏让这一切戛然而止。接纳区里充满艰辛——这是一种磨难，但通过持续的积极参与，以及降低尝试新事物的风险，他们终于返回了“新常态”。他们也在此过程中学习和改变。但故事还没有结束。在下一章中，我们将向你展示他们如何借助新的变革肌肉和动力作为创新的跳板。

变革过程中的“接纳”

让我们想一想“接纳”（Adopt）这个词。当你“接纳”某个行动步骤时，你就会按照它的程序去做。词典中对该词的解释包括“接纳并实践或使用”“接受”“选择采取”“成为……的责任人或看护者”。“接纳”意味着你要对某事物担负责任，而接纳区是你要对变革担负责任的地方。领导者通常会认为，一旦他们做出了积极参与变革的决定，他们就可以直接跳到创新区并取得新的成果。然而他们却没有意识到，他们需要为激发创造力做准备，需要对新事物进行尝试。他们没有意识到“接纳”变革，或者说“接纳并实践变革”，又或者说是“成为变革的责任人和看护者”，这件事情的必要性。作为领导者，你应该给员工自由的空间去思考如何应对接纳区的困难。你可能会想：“啊，对了，创新。我们是一家创新型公司。我们会给予员工创新的自由。”很好，但现在还不是时候，因为你还没有达到创新的最佳点。接纳区和创新区是不同的，而作为领导者，了解这种差异是至关重要的。我们并不是说，接纳区里不存在任何创新，而是说进行与变革相关的创新的最佳时机是在创新区（对此我们将在下一章中阐述）。而在接纳区，你的任务是为创新的发生奠定基础。

提高团队成员的参与度

参与分不同类型。变革领导者通常会认识到，应对接纳区的挑战通常需要所有参与者付出自主裁量的努力——不仅是服从，也不只是合作，而是感到兴奋。

图 8-3 参与的类型

领导者通常会满足于人员的服从，但是服从不大可能推动人们付出自主裁量的努力。而这种努力是在接纳区的攀登过程中经受住无数次挫败的考验所必需的。服从与合作之间的区别在于对参与的选择能力以及对个人在变革中的角色的责任感。如果团队成员属于服从类别，那么领导者应该重新参考“决策点”章节中“船长提示”部分的内容，用来帮助引导团队成员做出（或重新做出）参与变革的决定。然而，如果团队成员感觉不到自己在团队中的价值，那么他们就不太可能做出这样的决定。作为领导者，要想让团队成员感觉到自身的价值，就应当倾听他们的意见，认可他们的努力，并征求他们的意见。

处在接纳区的大多数人很可能是选择积极合作的团队成员。毕竟，并不是每个人都能持续保持像“动力”那样的热情，尤其是当他们处于爬坡阶段时！由于合作是一项团队驱动的活动，因此领导者必须帮助团队成员感受到他们是一个“胜券在握”的团队的一分子，哪怕他们正在经历种种挫折。而庆祝沿途获得的一些小的胜利以及认可他们在逆境中坚持不懈的努力是做到这一点的有效方法。

最高水平的参与是“兴奋感”。这是由对变革的全身心投入所产生的情感层面的结果。那些致力于将团队成员的参与程度从合作转向兴奋的领导者所关注的是价值——具体而言，就是在团队成员自身价值与变革的成功实施二者之间建立联系。或者，换句话说，要让团队成员感觉到他们所从事的是件有意义的工作——将自己正在做的事情视为对其所期待的未来愿景的贡献。这一切的基础最初是在维持现状区打下的，而此时在接纳区，前期的投入得到了回报。高效的变革领导者是将团队当前的工作与早已呈现并且被认同的愿景重新联系起来，而不是在爬坡过程中初次提出愿景，希望它能有足够的激励作用。作为一个领导者，为此你必须展示出强大的能力和高尚的品格。毕竟，如果领导者和团队之间缺乏信任，那么投入感（以及随之而来的兴奋感）就不可能产生。如果缺乏信任，那么未来的愿景无论被描绘得如何动人，也都可能会遭到怀疑和不信任。

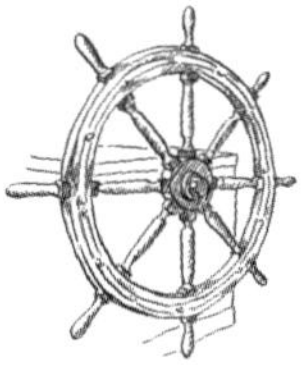

船长提示

提高团队成员的参与度

基于上述三个参与度级别，确定你的团队成员所处的位置（团队中大多数成员的参与度很可能会属于“合作”级别，从而形成一个钟形曲线）：

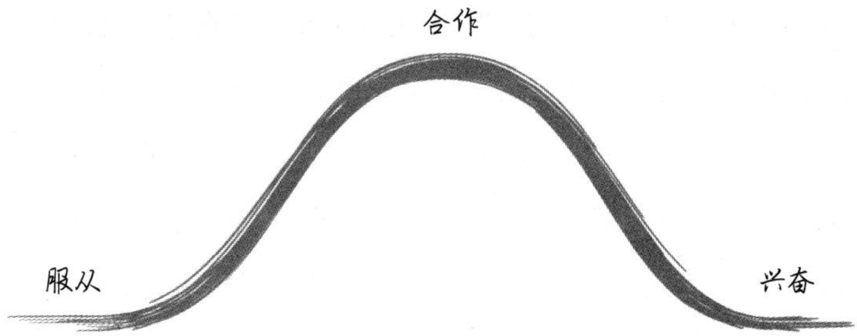

图 8-4 团队成员所处的位置

在上图中的空白处写下每个团队成员姓名的缩写以及你心目中他们所处的位置。然后进行下列操作：

- 针对参与水平属于“服从”类别的团队成员：
  - 重温“决策点”一章中的“船长提示”，并安排时间与你的团队成员一起学习。
  - 通过以下方式确保你已表达出他们是团队中的重要成员：
    - 积极倾听他们的意见。
    - 认可他们的努力、苦恼或担忧。
    - 征求他们关于如何改进目前状况的意见。
- 帮助团队成员达到和/或保持“合作”的参与水平：
  - 让他们感觉自己是胜券在握的团队的一分子，哪怕正在经历挫折和失败。
  - 降低尝试、失败、学习和再次尝试的风险。
  - 投入时间庆祝小的胜利。

○ 认可并表彰他们在逆境中的努力。

○ 承认需要克服的障碍，并尽可能优先考虑和/或尽最大努力减少这些障碍。

- 帮助团队成员达到和/或保持“兴奋”的参与水平：

○ 将团队成员的价值与变革的成功实施联系起来。

○ 通过向团队成员展示他们的贡献如何推动了更大图景和愿景的实现，让他们看到自己正在从事一项有意义的工作。

○ 通过你自身的行为和对待成员的方式，确保你在他们眼中是一位非常有能力、具有高尚品格的人。（在我们的“以信任的速度领导”实践课程中，我们将这些高度信任的行为分为“表达尊重”“先听后说”“负起责任”“面对现实”“直言不讳”和“给予信任”等部分进行讲解。）

临机制变和变革故事

接纳区需要临机制变。这一点在许多关于变革的伟大的故事、图书和电影中都能看到。事实上，有很多电影都可以套用我们的变革模型：

维持现状区

- 《哈利·波特与魔法石》：哈利·波特住在楼梯下的橱柜里。
- 《指环王》：弗罗多·巴金斯在夏尔过着舒适的生活。
- 《海洋奇缘》：莫阿娜作为酋长的女儿，在莫图努伊岛上过着平静而富裕的生活。

破坏区

- 《哈利·波特与魔法石》：哈利得知父母死于伏地魔之手，在霍格沃茨开始了新的生活。
- 《指环王》：弗罗多必须逃离夏尔，踏上摧毁魔戒的征程。
- 《海洋奇缘》：一场超自然的瘟疫威胁到了莫图努伊的食物来源，莫阿娜必须找到解决问题的办法。

决策点

- 《哈利·波特与魔法石》：哈利和他的朋友们决定抢在斯内普之前拿到魔法石。
- 《指环王》：弗罗多决定脱离护戒团，与山姆一起踏上魔多之旅。
- 《海洋奇缘》：莫阿娜必须冒险离开岛屿去寻找半神毛伊。毛伊将不顾愤怒的特卡的阻挡，帮助她归还特菲提之心。

接纳区

- 《哈利·波特与魔法石》：哈利和他的朋友们克服了用来保护魔法石的种种障碍。
- 《指环王》：弗罗多和山姆在前往魔多的危险旅程中克服了各种威胁和障碍。
- 《海洋奇缘》：莫阿娜跟毛伊学会了如何寻路。他们克服了诸如怪物王国中的卡卡莫拉和巨蟹塔玛托亚等各种障碍。

创新区

◆《哈利·波特与魔法石》：哈利利用母亲施予他的强大反咒击败了奇洛教授。

◆《指环王》：弗罗多被咕噜打败，但对邪恶的自我贬低的本质和仁慈的力量有了新的认识。

◆《海洋奇缘》：通过与特卡和解，莫阿娜归还了特菲提之心，恢复了她的家乡莫图努伊岛的平静与繁荣。

在上述例子中，故事的各主角都对自己有了新的认识。如果他们没有经历过变革的考验，他们就不会对此有任何感悟。他们必须走出舒适区——没有任何的英雄之旅是轻松愉快的。临机制变和坚持不懈是关键。或许我们持续讲述这些关于变革的故事的原因是因为生活本身就是变革，而接纳区是我们从痛苦中吸取教训、磨炼宝贵的技能和获得新的个人洞见的地方。作为变革领导者，你是撰写自己和团队变革故事的作者。不要总是考虑触发变革的外部事件，而是要像那些经得起时间考验的故事中的主角一样，考虑你和你的团队应当如何利用这些挑战获得改变和成长。而在接纳区尤其如此。

作为变革领导者，你是撰写自己和团队变革故事的作者。

玛琪·普莱谢特

战胜挫折持之以恒

我想继续分享我前面讲过的那位努力争取晋升的教练客户的故事，用以讲解在接纳区内的体验。尽管到达决策点是关键的一步，但这只是一个门槛。跨过这道门槛，她将进入一个需要尽一切努力去实现其目标的地方。实现这一目标的策略和努力才是真正的工作。现在，她带着必胜的决心进入了接纳区。她看中了一个职位，于是积极争取。她获得了第二轮面试的机会，但没有收到录用通知。在申请另一个职位并且经过第二轮面试后，她意识到自己缺乏信心以及在日常交流中“存在感不强”可能是导致她错失机会的原因之一。她是个有才华的人，但没有表现出相应的自信，所以她在提升自信方面还有很多工作要做。

在一次我们之间的会谈中，她提到自己如何在会议上经常被人议论，以及如何因从未对此做出过回应而感到有伤自尊，感到对不起自己。于是，她努力培养自己的勇气。她决定下次发生这种情况时，她要与任何一位如此随随便便轻视她的人谈一谈。后来这种情况再次发生了。她做出了回应。结果……事情并不顺利。这位同事对她的想法不屑一顾，而且还贬低了她一通。虽然这是某一个人的观点，但却是毁灭性的。她在自我改变过程中所经历的起起伏伏有时足以动摇她对改变的执着。

每当她走进办公楼去上班时，她就开始感觉到自己的能量在衰减。如果自己的性情体现出自我怀疑，她怎么可能被人们当作领导者看待呢？于是，她开始在自己的肢体语言和自信心这两方面下功夫。她会注意保持抬头挺胸的姿势，并且刻意地接手一些以前没有做过的项目和演讲；她决心多和别人进行目光接触。总之，她会更有意识地表现出她想要成为的领导者的形象。

此外她还做了其他方面的努力，并且在会中和会后有意识地与其他领导进行沟通。有的努力的回报大些，而有的小些。在她感到气馁的日子里，我们会给予她指导，而在她取得成功的时候，我们会向她表示祝贺并且帮助她在此基础上再接再厉。尽管她始终未能在该组织中担任高级领导职务，但在接受我们辅导的大约六个月后，她在一家更好的公司获得了一个更有影响力的职位。一年多前，我收到她发来的一条消息，上面写着："我想让你知道我又获得了晋升。三年内两次晋升。感谢你的指导和支持。它每天都与我同在。"这才是真正的改变的回报！

接纳区的前进路线可能是蜿蜒曲折的，但只要你坚持不懈，它终将带领我们实现变革的目标，并且帮助我们成为变革的主人。

船长提示

在接纳区曲折道路上的交流

尽管我们都希望接纳区的曲线平滑地向右上方延伸，但是沿着悬崖峭壁曲折向上的道路却充满挑战。在一对一对话或者团队会议中，考虑提出以下问题：

- 在接纳区曲折前行的过程中，你会做出以下哪种反应？（静观其变，快速行动，抵制不变，尽量不变，放弃，其他？）为什么？
- 你对信息不明朗的接受程度如何？如果你感到难以接受，你会采取什么措施来控制焦虑/压力？

- 你的这种反应对在该区域中必要的问题解决能力会带来哪些帮助或阻碍？
- 我们的团队从失败的结果中学到了什么？
- 在我们尝试新方法的过程中，该如何确定我们是向下、向上还是向一旁行进？

为尝试新事物提供安全环境

假设你是一个社区短剧的导演，需要在紧要关头到场。一天晚上，在第一幕期间，布景的一个重要部件掉在地上摔坏了。这个布景部件对剧本来说非常重要，但现在已经无法使用了。在幕间休息时，你鼓励聪明的演员随机应变，并允许他们即兴创作。他们按照你说的做了。他们换了一种方式天衣无缝地过渡到下一个场景。观众们非常喜欢。他们看到了发生的变故，并且对演员的即兴表演深感钦佩。

或者换一种情景：作为导演，你没有鼓励演员去尝试新的东西，而是走上舞台，拿起麦克风，然后宣布："对不起，这不是原本设想的剧情……某些工作人员太大意，弄坏了布景，所以我们不能再按照剧本来了。我们无法再继续表演，所以短剧被取消，而且不予退款。"即便你的发言不会煽动起骚乱，你也可能会被嘘下舞台！

显然，我们在这里被允许做一些创造性工作。（你真的是导演社区戏剧作品的最佳人选吗？也许你是……这里不做评判。）不幸的是，在接纳区许多领导者不给予员工解决问题的空间；他们不允许员工尝试新的事物。这些领导者希望自己的团队成员能够“严格按照剧本”表演。有些时候，领导者明确禁止其团队成员进行任何创造性工作。作者莉兹·怀斯曼（Liz Wiseman）在她的著作《成为乘法领导者:如何帮助员工成就卓越》（*Multipliers: How the Best Leaders Make Everyone Smarter*）中谈到了暴君和明君之间的区别。“暴君会制造一种紧张的环境，用来压制人们的思想和能力。结果，人们不再畅所欲言，而是提出领导者认可的安全意见，并且小心翼翼地行事。明君则会创造一个需要人们最大程度发挥思考和工作能力的紧张环境。因此，人们会提出最好、最大胆的想法，并付出最大的努力。”

接纳区几乎不可能是一个按计划展开、遵循“剧本”发展的可预测的过程。成功的变革领导者会让他们的团队成员大胆尝试新事物，甚至即兴发挥。

战略的沟通以及战术的授权

欧洲的一些国家正在经历一场巨大的变革——数字化——许多企业都在努力寻求如何将数字化技术应用到经营方式中。西门子正是致力于此的一家公司。过去，西门子的主业是工业制造，生产过火车、医疗设备、风力涡轮机和许多其他大型工业产品。数字化转型后，他们扩大了产品范围，将技术服务纳入其中。例如，他们提供的列车数据监控服务，可以帮助客户充分利用他们的设备并及时了解产品何时需要维护。这当然是不错的改变，很重要的

> 领导者最为有效的做法是在战略上保持沟通，而将支持战略的管理活动授权给离工作最近的人。

改变，但是这种变化对于员工来说意味着什么呢？他们进入了接纳区。

在接纳区，领导者最为有效的做法是在战略上保持沟通，而将支持战略的管理活动授权给离工作最近的人。要信任你手下的人。他们会在你持续的参与和确保协调统一的同时自己找到解决问题的办法。在西门子的案例中，员工从公司那里感受到强有力的信任。“新冠疫情危机引发了数字化浪潮……这些变化也将促成一种不同以往的领导风格，一种注重结果的领导风格……”西门子股份公司副首席执行官兼劳工总监罗兰·布施（Roland Busch）解释道，“我们信任我们的员工，并授权他们自主管理自己的工作，以便能够取得最佳结果。”

作为领导者，你是允许团队成员在接纳区管理自己的工作，还是坚持认为他们应当遵循事先写好的“剧本”？

船长提示

让“尝试新事物”更加明确化具体化

允许尝试新事物很重要，但这种允许是“怎么样都行”的吗？在你的组织或团队中，对尝试新事物的许可具体是什么样子的？考虑针对以下内容进行集体讨论：

- 如何具体描述对尝试新事物的许可？
    - 是全面的许可？

- ○ 我们的职责是否与这种许可相关联？
- ○ 是否有专门的人员负责决定对我们每次新的尝试是否授权？

- 如果有人专门负责授权，那么这个人如何才能不构成某种障碍？
  - ○ 我们在这条曲折蜿蜒的路线上的时间和预算是有限的。我们怎样才能在尽量减少成本的情况下进行尝试（知道其中一些事情行不通）？
  - ○ 我们仍然有“日常工作”要做。我们如何在解决问题的同时继续履行这些工作责任？
  - ○ 基于我们当前的能力以及与此变化相关的风险，我们应该采取何种程度的主动性？（可以考虑利用下图来帮助创建一种用来表达主动程度和自我赋权水平的通用语言。）

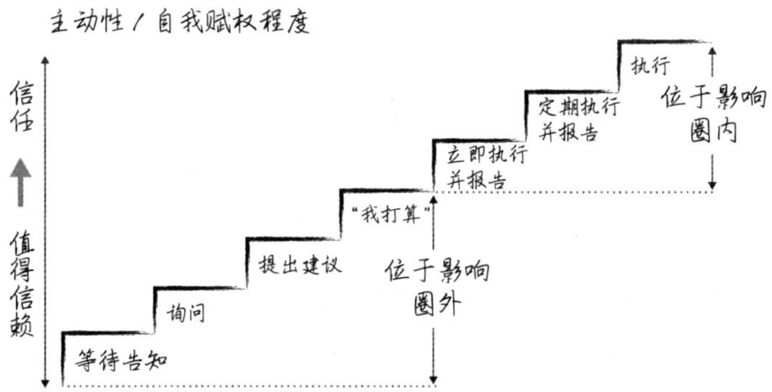

图 8-5　主动性 / 自我赋权程度

以有限的资源寻求胜利

临机制变的人能够有效或者巧妙地利用可用的资源。这里的关键词是“可用”。你的员工能够获得哪些资源？通常，在预算紧张的情况下，团队成员必须设法利用手头的资源来完成任务。作为领导者，不要苛求不可能完成的任务，但也不要回避困难。条件的限制和资源的不足有助于集中精力和培养创造力。

作为领导者，不要苛求不可能完成的任务，但也不要回避困难。

以热门电视节目《厨艺大战》（*Chopped*）为例。节目中，参赛者必须使用4种神秘食材来制作色香俱全的食物。厨师们只有30分钟的时间利用篮子里的食材设计食谱、烹饪和装盘。这真是所谓的限制条件！然而他们常常能制作出令人惊叹的作品。他们的成功不是“尽管”有严格的限制，而是“因为”有它们的存在。鼓励你的团队成员将限制条件视为激发创造力的挑战而不是一种限制，这样可以帮助他们保持积极的参与，意志坚定地克服接纳区的困难。

船长提示

判断哪些该继续，哪些该放弃

在接纳变革的过程中，人们可能会因看不到进展而感到不知所措，灰心丧气。他们不仅要完成日常工作，还必须采取一些新的行动以在变革中取得成功。

你可以通过以下活动，与你的团队一起评估当前的工作任务和流程，然后决定停止哪些工作，以便将更多的精力和注意力集中在变革上。其目标是确定团队可以放弃的两到四件事，以提高应对变革的能力。

- 记录团队成员的持续性任务和例行程序（不仅限于与变革相关的任务和例行程序）。
- 针对每一项询问以下问题："如果我们停止这项工作会怎样？"（考虑对其他团队、部门、利益相关者、客户等的更广泛影响。）
- 找到需要认可或批准你们想法的人。

最后让这些想法得以实施。

是什么任务/例行程序?	如果我们停止这项工作会怎样?	是否应该留下?	是否应该放弃?

克里斯蒂·菲利普斯

将最大限度地减少损失视作取得的小胜利（EMR系统的采用：第五部分）

接纳区的主要任务就是在你决定采取行动后应对那些与尝试新事物相关的挑战。在此，你的意识获得提高，新的真理得到检验，理解力得到培养。这是一个时常让人感到难以应付的艰难的成长阶段。然而在此阶段，你最后的状态可能会比刚进入该区域时有很大进步。

在我所经历的那次大型的EMR改革项目中，即使是经验丰富的变革推动者也不清楚该项改革的困难程度。技术问题、财务难题和领导力难题，这些难题直到走到跟前时才显现出来！虽然有实施时间表可以用来尽量解决延误问题，有周密的财务规划可以阻止债权人的烦扰，但我们却无法知道其他一些问题的严重程度，而这些问题可能会严重到令人难以承受。我们似乎离找到解决方案——获得胜利——还很遥远，以至于我们可能会灰心丧气，甚至想要放弃。我们需要获得胜利才能继续前进。你已经知道庆祝小的胜利很重要。我还领悟到，最大限度地减少损失或许是一个能鼓励你朝着目标前进的小小的胜利。

例如，我合作过的一家医疗机构每季度的营业额损失达200万美元。他们最大的胜利目标是保持不亏本，并且每季度有100万美元的收入。然而，实现这一目标是一项艰巨的、令人望而却步的任务。我们发现，与紧盯着每季度赚取100万美元的目标相比，庆祝亏损的减少会更令人鼓舞。如果我们上个季度亏损200

万美元，而本季度只亏损100万美元，那就是胜利！我们正朝着正确的方向前进。我们庆祝了这场胜利，目的是保持取得最终盈利的大胜利的势头。最大限度地减少损失并庆祝这些胜利可能是取得重大胜利的重要前驱力量。

我们继续为这些小小的胜利而自豪（“本季度我们只损失了50万美元！”）。随着时间的推移，将损失降到最低的任务结束了，而我们又开始宣告大的胜利了。经过所有的成长阵痛和重新配置后，医疗团队和系统比以前更完善了。变革是艰难的，但却是值得的。

变革领导者有权力（和责任）来定义获胜的含义。这是件很重要的事，尤其是当限制条件加剧了变革的难度时。但一路上寻找并庆祝小小的胜利是接纳区曲折旅程的一部分。随着时间的推移，这些小小的胜利可以聚合成更大的组织级别的胜利。

船长提示

在限制条件中培养创造力

当你要求团队成员机智灵活并且将约束视为发挥创造力的机会时，你想要表达的具体含义是什么？下列问题或许可以帮助你确保这一想法的可行性：

- 你们有哪些现有资源可以用来应对即将面临的挑战？
- 如果不去考虑缺少的资源，我们如何能够通过一些新的方式利用现有资源？
- 我们清楚某些尝试不会成功，那么如何在不扼杀创造力的情况下最大限度地减少失败的成本？

帮助止步不前的团队成员重新投入

之前我们提到，多达70%的变革举措未能达到预期目标，而接纳区是最有可能遭遇失败的地方。

但这种情况并非不可避免。

作为领导者，你应该帮助员工保持坚定的信念。面对后续挑战所带来的“现在该怎么办”的问题，人们常常会感觉没有准备好或没有能力应对。因此，领导者需要理解和同情在该区域出现的沮丧、迷茫和挫败感。即使是在决策点所萌发的决心也会在上升的压力下减弱。你的团队成员可能会怀疑自己应对变革的能力。他们可能既不相信自己的队友能够成功，也不相信你这位领导者能够成功。他们会认为你正在带领他们走向失败。出现这种情况的原因在于他们怀疑你的实质作用或者你以往的表现。

接纳区内的障碍是真实存在的。要承认这些障碍，定义这些障碍，并且借助以往用来克服障碍的方法应对它们。允许你的员工自主解决他们能解决的问题，而在他们无法解决时为其清除路障，从而最大限度地减少这些障碍。持之以恒。勇往直前。这个区域需要的是毅力。然而因此而获得的回报不仅仅只是回到维持现状区。在你的精心指导下，你的团队将会较以往能力大增。而这正是变革成功的真正希望。

船长提示

帮助团队成员重新投入

如果团队中有人的信念发生了动摇，要与他们交流。这可能是心态、信心或者信任的问题。在一对一对话过程中，你可以这样问：

- 你之前似乎愿意为变革承担责任并且积极参与其中。哪里出了问题？
- 在目前的变革阶段，你觉得自己更像哪个人："动力""最简化""等待""抗拒""放弃"？
- 你现在的反应对结果会有何影响？
- 你认为我们能够/不能实现这一目标的原因是什么？
- 对于我们实施变革的方式，你具体在哪些方面缺乏信心？你是否愿意谈论这个话题？
- 如何才能恢复你的信心和信任？

从接纳区到创新区

走出接纳区是一项巨大的成就。伴随着此处成功的，是新练就的变革的肌肉和解决问题的能力，而这些将会在创新区进一步发挥作用。

第九章 The Zone of Innovation

创新区

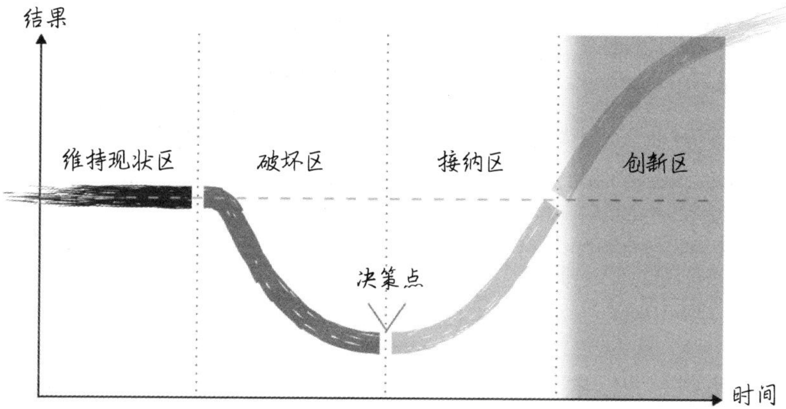

图 9-1 创新区

变革以及创新的本质

本书的主题之一是如何最大化某项特定变革的投资回报（ROI）。接纳区的性质决定了该阶段需要一定程度的创造力，因此领导者及其团队会实现一些超出变革之初认知范围之外的事情。而在创新区，领导者将会鼓励团队利用接纳区的这些创新结果，从而在变革中创造出更多的价值。创新区希望接续已有的变革曲线并且“向右上方”延伸，而不是重新开启一项全新的变革举措然后复原至破坏区（尽管这种事情可能会缓慢而自然地发生，但这并不是创新区的领导目标）。

以英式橄榄球运动为例。比赛中，两支球队的目标是“跑过、穿过并越过对手，力求将球击入球门区内……”与美式橄榄球类似，成功的一个衡量指标是“触摸后推进的距离”，或者说是持球者在触摸防守者后能继续向前推进多远。这个概念也适用于创新区——其策略不是在遭受打击后放弃和躺平，而是利用刚刚练就的变革肌肉继续保持你的前进动力，将球进一步向前推进。

表9-1 创新区的领导工作重点

创新区的领导工作重点是……	创新区的领导工作重点不是……
• 理解当前的变革举措 • 将变革曲线继续向右上方推进 • 利用团队新练就的变革肌肉和动力 • 鼓励有针对性的好奇心	• 制定一项全新的变革举措 • 复原至破坏区 • 进行与当前变革脱节的天马行空的想象 • 孵化雏形

请记住，我们并不是说右栏中的内容是不可取的。关键问题是，位于创新区的领导者拥有特定的机遇和与职责相匹配的责任。也许领导者们所处的组织或行业的性质以及所期望的和可接受的创新范围会有很大差异，但当创新与变革关联在一起时，这种差异性便不复存在了。而这正是创新区真正的魅力所在。想想在企业面临前所未有变化的20世纪之交时这一特征的具体体现。

采冰是人类一项历史悠久的活动。早期人们将浅陶罐装满水，然后在寒冷的夜晚将其放在室外。后来，农民们会出售池塘里的冰。这些冰大部分是由有能力买得起冰屋的富人购买的。19世纪，对冰的需求稳步增长，冰的采集技术也不断进步。天然冰块从美国出口远至里约热内卢、悉尼和加尔各答等目的地。这一运输冰的网络使得其他出口产品，如鱼、黄油和鸡蛋，也能与冷冻货物一起运输。随着纽约、巴尔的摩和费城的移民浪潮进一步推高了需求，促使这一数字继续攀升。

在20世纪上半叶，美国人越来越习惯于随时能够买到冰块的好处。他们可以享用和保存牛奶、鲜肉、水果、海鲜和农产品，因为几乎每个家庭、杂货店和酒吧老板都拥有“冰箱”。新的公寓楼里还建有通向厨房的冰门。

随后，1910年家用电动冰箱问世。起初，只有富人才能买得起，但随着价格的下降，家用冰箱销量猛增。购买电冰箱的人越多，对冰块配送的需求就越少，这意味着提供此类服务的公司的市场正在迅速下滑。巨大的破坏作用因此产生，并将从事冰块运输行业的企业带入了破坏区。

约翰·杰斐逊·格林（John Jefferson Green）正是一位受到这一变化影响的人。他在达拉斯的南大陆制冰公司工作，他和他的公司不得不面对冰块配送销量下降的事实。经过一番努力，他们穿越了接纳区，成为一家制冷公司。在到达创新区后，格林本可以宣布大功告成，然后接受新的现状。然而与之相反，他继续思考自己还能做什么。毕竟，他还有分散在城市各个角落的冰库，而且离顾客也很近。他们还有充足的制冷装置。为什么不把这些冰箱装满日常必需品，让顾客方便地购买鸡蛋和牛奶等冷食呢？格林和他的公司完成了一项“重大”的变革——从冰块业务转向冷藏业务。他们有了充分的自由去探索这一重大变革还会带来什么。其结果就是你或许见到过的他们的“便利”店。目前他们在17个国家/地区拥有7万多家店铺。这一变革中的创新——并非转向新技术，而是利用他们的冰箱和位置进一步发挥想象力以及做更多事情——成为如今闻名世界的7–11便利店的起源。

如果家电制冷业没有遭遇破坏，格林［以及公司创始人约瑟夫·汤普森（Joseph Thompson）］可能会满足于维持现状区，继续生产冰块。但这种破坏迫使他们进入接纳区，而“接纳”又引发了好奇心，并最终在创新区结出了果实。也就是说，如果下次你再去喝思乐冰，你应该会想到它的前身其实是一大块冰。对于领导者来说，好消息是，创新并非始于一道要求重塑业务或扰乱杂货店市场的命令，而是一种想要将现有的变革曲线向前延伸一些的愿望。

创新区是变革的成本能够产生更大回报的地方。人们在走出接纳区时，很想插上一面旗帜宣布胜利，然后退回以前已经取得的结果，但是很多时候还有更大的胜利在等着你。

创新区中的变革反应

在“谁摇晃了船”寓言故事中，船长和船员们最终成功将“成果号”带回了维持现状区。然而这次意外的变化也促使他们每个人发生了变化。船长借此机会赞扬每位船员为最终的成功做出的贡献。

船长发表讲话：“不管你们怎么想，但是这一路走来，我们真的是历经了千辛万苦，克服了重重困难才最终站在这里。而这一切离不开大家的共同努力。”随后，船长开始逐个点评每一位船员：“‘动力’，你做事从不墨守成规。在尝试新事物方面，你始终是我可以托付的人。还有‘最简化’，我特别欣赏你总是能专注于做必要的事情，从而让我们避免陷入难以应付的麻烦。‘等待’，你能提出最有价值的问题，而且你做事从不草率鲁莽。‘抗拒’，你会促使我们去检验自己的想法，而这是非常可贵的。‘放弃’，尽管有时候你会中途撤出，但我知道，你可以作为一种预警信号，提醒我们注意那些其他人可能无法注意到的事情。这是一支多么了不起的团队啊！”

船长并不只是为了夸奖而夸奖。他这是在提醒船员们有能力共同努力克服困难。作为领导者，船长让船员们能够自在地去探寻自己还能做些什么别的事情。

船长发表看法：“我很欣赏大家的创造力，但‘抗拒’的话的确有些道理——河流本身存在一些天然的局限性。所以我想，不知道有没有办法可以让我们‘脱离’河道……”

并非所有的想法都一定是有利于效益的（“放弃”就建议放弃货物），但船长为船员们提供了足够的安全感，让他们自由地探索一切可能性，同时也激发了船员们在创新区的参与感。这位船长还能够推动他们去寻找解决问题的办法。他不是直接给出答案，而是提出一个方向性的问题：“不知道有没有办法可以让我们‘脱离’河道……”

创新需要付出努力，而且创新区并非没有需要克服的障碍。随着南大陆制冰公司转向制冷业务并将其仓库转变为便利店，他们必须了解其店铺周围的客流规律，完善营销，并追踪哪些产品值得留在货架上，哪些产品不值得。这些创新需要持续的好奇心和乐观精神。

船长提示

总结变革经验

创新区受益于我们一路至此对变革过程的反思，因此在此有必要花些时间深入研究团队的见解、动机和经验。你可以召开一次团队会议，并提出下列问题：

- 在经历接纳区时，我们创造性地使用了哪些工具、流程或功能？
- 我们在接纳区放弃的哪些工作可以作为我们放弃其他事情的参考样本？
- 我们避开了哪些障碍？如何将这些变通方法应用到其他领域？
- 我们在变革过程中的哪些环节出现了人员流失？
    - 是什么导致他们放弃和/或离职？
    - 在处理这些问题时，我们能否将其中的某些部分纳入创新工作？
- 我们在哪些方面能够加强彼此之间以及与组织内外其他人之间的关系？
    - 我们如何充分利用这些改善的关系？
- 我们如何才能在未来的工作中消除消极的本能反应，而形成更多有助于创新的积极反应？

肖娜·史密斯和四食集团

在上一章中，我们看到了既敬业又懂得随机应变的肖娜·史密斯及其领导团队和餐厅员工。他们想尽各种办法终于走出了接纳区，而且既让客户感到满意，又让品牌重新焕发了活力。但他们并没有就此止步——他们对自己的能力以及下一步可能发生的事情又有了新的洞见。

也许你还记得，他们通过为员工及其家人提供餐包等措施，让员工在上班时有安全感，并且感觉到了关怀。但是员工的需要还包括其他必需品，例如卫生纸和牛奶。于是史密斯和她的团队设计了“家庭包”，为他们提供这些额外必需品。史密斯后来回忆道：“然后我们对他们说，每次他们来上班，我们都会给他们一个带回家的‘家庭包’。”

如果仅止于此，事情就变得简单了。但是由于史密斯和她的领导者营造的是一种鼓励团队成员保持好奇心的文化，因此有人就会问：“我们为什么不向顾客出售这些家庭包呢？”接着一个发现顿时明朗：其他家庭也面临着同样的难题，并且会很乐意为这个办法付费。这种与正在发生的变化相关联的好奇心，正是创新区的意义所在。

分享变革的故事

领导者可以通过分享团队成员所共同亲身经历的变革故事，来激发他们在创新区内更多的好奇心。这些故事会对你和团队大有裨益：

- 能够让团队成员毫无顾虑地分享对变革的个人见解，而团队其他成员也会从中受益。

- 能够提供一种安全的反馈方法，从而帮助领导者弄清楚自己对哪些情况尚不了解，在哪些方面做得不够，或者哪些工作是有效的。

◆ 能够让共同克服障碍和挑战的团队成员将他们自己视为故事中的“主人公”。

◆ 能够让团队成员认识到自身应对变革的能力有所提升，从而激发他们前进的动力。

◆ 能够为“变革文化”奠定基础，进而将启动心态从认为“变革是消极的”转变为“变革是自我拓展和实现更大成功的机会”。

正如我们之前提到的，故事是有力量的。利用你在创新区的时间暂停片刻，谈谈你们的历险故事，就像“谁摇晃了船”中船长和船员们所做的那样。文化驱动营销专家安吉拉·罗德里格斯（Angela Rodriguez）曾经指出：“讲故事是文化的核心……”正是通过讲故事，历史才得以传承，风俗习惯才为人所知，传统才能成为一个地方的群体所独有的。共享文化植根于注重分享的沟通传统。一个团体所讲述的故事能够传达某一种文化的价值观。坦诚地讲，加入一支胜券在握的团队，摆脱在破坏区极易产生的受害者心态，并最终取得变革的胜利，这的确是一种非常美妙的感觉。在创新区建立变革成功的文化可以让你和你的团队为未来下一个“变革瀑布”做好更充分的准备。

在创新区建立变革成功的文化可以让你和你的团队为未来下一个“变革瀑布”做好更充分的准备。

接续并利用已取得的变革动力和杠杆效力

沿着变革模型的路线行进有利于我们在创新区中所谈到的联动式创新。对于南大陆制冰公司来说，这种创新就是继续利用现有的店面，只不过把里面的冰块换成日用杂货。对于肖娜·史密斯和四食集团来说，是略微改动为员工提供的临时应急解决方案——“家庭包”——将其出售给现有的顾客。这两项创新的实现都是基于已有的变革肌肉和变革动力，以及新获得的好奇心。

现在，让我们将这种“肌肉和动力”想象成一个杠杆，而“创新”是位于杠杆一端的重物。如果未曾经历过破坏区以及接纳区的艰难攀登，那么创新的情境通常就会如下图所示：

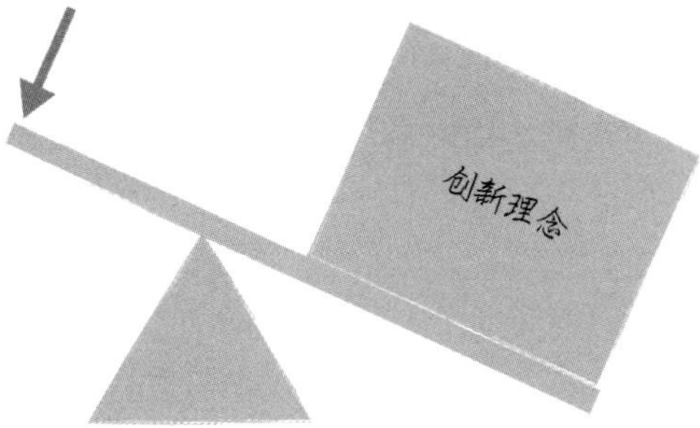

图 9–2　在杠杆效力极小的情况下试图“撬动”创意

要想成功实现某个创意，需要大量的创造性思考和精力。然而，得益于变革过程，尤其是在此期间有效领导力激发下的艰难攀登，我们可以随

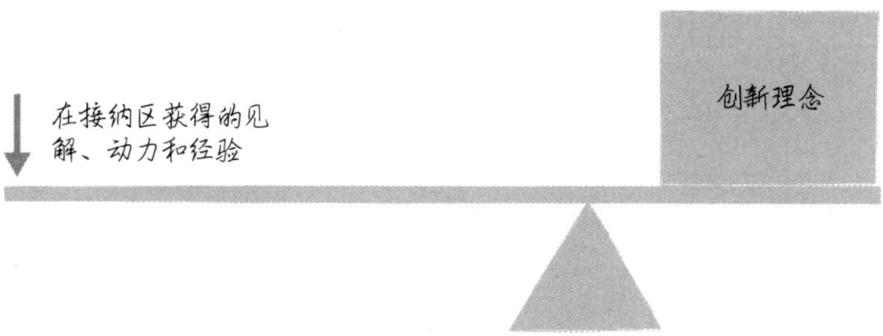

图 9–3　在接纳区获得的杠杆效力让创新变得更轻松

着团队的动力和变革肌肉的不断增强而将这根“杠杆”延长。因此在创新区，虽然领导者会激励团队成员保持好奇心并且追问“还能做些什么？”，但是实现创意所需的创造性的投入实际上是大大减少了。

要鼓励而不要扼杀好奇心

在接纳区蜿蜒曲折的道路上，你和团队成员经历了尝试新想法、遭遇挫折和失败、奋力挣扎以及重头再来的艰难过程。有了这样的经历，你和你的团队对于“还能做些什么？”这样的问题变得不再陌生。你们已经习惯了从失败中吸取教训。坦率地说，走出低谷的你们，如今或许已经相当擅长于此了。

抵达创新区之后，你对团队成员较以前有了更深入的了解（在与困难作斗争的过程中与员工一起并肩作战会让你更加理解他们每个人对变革的反应）；你会更清楚是什么在激励他们、启发他们、吸引他们。由于你们从头至尾共同经历了变革，你了解他们的长处，他们也了解你的。现在，你更有能力去进一步激发他们对创新区这一强大问题的好奇心：“还能做些什么？”

船长提示

激发有针对性的好奇心和探索欲

作为领导者，你可以利用创新区培养团队的好奇心。我们使用

"有针对性的"一词来强调你所激发的好奇心和探索欲是与变革相关的，而不是对任何被冠以"创新"之名的事物进行漫无边际的探索。帮助团队集中关注在延展变革轨迹以及超越之前的现状方面他们还能做些什么。以下是有关在团队中建立创新文化的几点建议。

与团队成员进行开放式对话，帮助他们寻找变革带来的机会：

- 通过询问以下问题来总结在接纳区的经历：
  - 变革是否产生了某些意想不到的结果？
  - 我们如何才能最小化或者最大化这些结果？
  - 如果我们必须重新开始，我们会做些什么？
- 通过询问以下问题拓展可能性：
  - 目前哪些人是变革的受益者？
  - 还有哪些人可以从中受益？
  - 他们如何从中受益？
  - 我们现在能够看到哪些以前没有看到的机会？
  - 如何能让变革变得更有价值？
  - 我们还能做什么？

创新之路上的庆祝

2019年5月23日，多洛雷斯·阿尔·谢莱（Dolores Al Shelleh）登顶珠穆朗玛峰，成为第一位登顶珠穆朗玛峰的约旦女性。谈到那次经历，她说："登上顶峰的感觉是我永远不会忘记的。那一刻，我感受到了无比的活力和人性。而且我感觉到队友之间心心相印，共同建立团队合作，以及关心峰顶上的其他人是多么重要。于是我开始进一步思考接下来我还能做些什么。”

多洛雷斯是在为她和她的团队的成功而庆祝。让我们看一看多洛雷斯在峰顶时的感受的顺序：首先，她注意到自己的反应是感受到了“无比的活力”和“无比的人性”。其次，她认识到，他们的成功是由于团队成员相互之间的归属感，通力合作，以及相互关心。最后，她想到了这一切如何促使她提出这样一个问题：“接下来我还能做什么？”

在珠穆朗玛峰的峰顶举行庆祝活动自然是很简单的——拍几张自拍照，相互拥抱，拍拍队友的背。我们或许会想，如果稍息片刻，去享受这一成就给她带来的精神上的奖励，那样应该是更加深刻、更令人难忘的。这就向领导者们提出了一个问题：你和你的团队在成功走出接纳区的那一刻应该如何庆祝呢？拥有充足的日光或氧气，所以你们可能拥有更多的选择。但关键问题是要了解你的团队成员希望如何庆祝胜利和受到表扬。有些人喜欢内在的活动——停下来审视自己的成就，然后想，我们做到了！而有些人则会觉得在休息室里一起吃蛋糕，分享他们的成就就很完美了。无论哪种方式，有效的变革领导者都不会轻易放弃与团队一起庆祝的机会。相反，他们会将其视为创新区的关键要素。这种通过内在或外在方式表达的认可和赞许可以加强团队成员之间的信任关系，并将他们的注意力转移到“我们还能做什么？”上来。

玛琪·普莱谢特

将内省纳入庆祝

在创新区，值得庆祝的不仅仅是成功，还有成长、可能性和准备好迎接下一次挑战的状态。这些是对拥有更多机会去做你以前不可能或者没想过去做的事情的肯定。

进入创新区很大程度上表明了团队自我改变的能力——这一点不容低估。在研究变革之动力的过程中，我们了解到变革可以说是一种最令人恐惧和最遭人抵制的事情，因为它会把我们从舒适区带入一个很可能是未知的领域。变革需要付出艰辛的努力！在创新区，团队顺应环境变化调整心态、行动和惯例的能力得到了提高。这是一种能够发人深省的经历。创新区实际上可以被视为一个能力和信心得到提升的区域。它证明了我们能做到，我们有行动，证明了事情是可以实现的……无论那件“事情”是什么。我们应该为此而庆祝，应该奖励自己。

研究表明，最好的奖励通常是内在的——我们在做某事时获得的满足感。完成这件困难的事情本身就是一种奖励，但同时也不要忽视外在的奖励。比如，为团队成员买午餐，送他们剧院门票，或者是在团队成员看来有价值并且有激励作用的任何形式。这种外在的奖励可以在一定程度上让你和他人感到愉快。不过研究还表明，如果处理不当，奖金、礼券甚至加薪都可能变成消极因素。一项针对儿童的研究显示，善意的外在奖励方式可能会适得其反并且削弱内在动机。

如果你的团队成员确实喜欢外在奖励，可以考虑使用间歇强化以及改变提供奖励的方式和时间的方法［有关这方面的更多内容，请参阅埃尔菲·考恩（Alfie Kohn）的著作《奖励的惩罚》（*Punished by Rewards*）］。因此，在使用外在奖励时要小心谨慎。漂亮地完成一项工作的感觉本身往往就足以给人带来鼓舞。在奖励手下人时，应该强调内在奖励。庆祝一路上的小胜利，而且当你到达变革的彼岸时，也别忘记为自己庆祝一番。

此外，利用在创新区的时间思考一下整个团队如何在实践、心智以及个人方面取得了共同成长。对于在学会如何驾驭和应对变革的过程中所经历的好的、坏的和丑陋的东西都应积极对待，因为这一切都为你们的成长做出了贡献。

在创新经历的末尾应该画的不是句号，而是省略号。要庆祝和自省，要赞扬你们创造伟大的非凡能力！与创新密切相关的是最大化变革经历，倍增其效益并为即将到来的不可避免的变革做好准备。了解并做到这一点将会使你成为杰出的变革领航者和指数级业绩增长的实现者！

船长提示

庆祝团队的成功

在创新区，你应该有意识地与团队成员一起庆祝成功。你们历尽艰辛到达这个区域，这件事本身就是一项值得停下来庆祝的成就！询问自己下列问题：

- 在团队的共同经历中，最醒目的里程碑或个人成就是什么？
- 这些成就与组织的战略、目标或价值观之间有哪些关联性？（二者之间不一定存在关联，但如果你能发现它们之间的一致性，还是值得指出的。）
- 思考一下团队成员的个性和文化。他们的动机更多的是内在的还是外在的？
- 基于上述内容，你可以采取团队希望获得认可和赞扬的哪些方式来庆祝成功以及奖励个人和团队？

从创新区到新的“河道的常态”

离开创新区，即使已经取得了更好的结果，也意味着最终会返回到“河道的常态”。但是，由于你采用了一种能够为团队提供谈论和体验变革的共同语言的框架，情况就有所不同了。河流永远会沿着它的自然河道流淌，但你的船员已经变得更擅长在河流中航行。当你和你的团队成员为下一个不可避免的瀑布做准备时，这一切将会让伟大的“成果号”上的每个人受益良多。

结 论 Conclusion

国际通讯业务运营商思睿（Three）正处于安稳舒适的维持现状区。过去的几年间，该公司始终保持稳定增长（尽管速度比较缓慢）的态势，而且他们提供的客户服务也还不错（尽管不是十分优秀）。然而，他们并没有安于现状。他们想要拔得头筹。经过多次讨论，他们决定赢得众多商家梦寐以求的君迪（J. D. Power）奖（一项基于客户调查的质量奖）。

当然，他们很清楚，如果不做出改变，他们不可能取得这样的成功。毕竟，他们迄今为止所经历的都不过是“河道的常态”。若想实现卓越，他们需要在公司内部进行几项升级改造工作（而且不仅仅是针对休息室里的咖啡机）。

此刻该轮到变革领导者上场了。在倾听了管理层的目标和愿望后，变革领导者组织召开会议，帮助管理者们掌握变革模型。他们为团队领导者们描绘了愿景，让他们看清河流的走向，指导他们如何寻找瀑布，以及如何攀登陡峭的悬崖。这样一来，不仅明确了变革的原因，而且还就其出发点以及到达目的地的手段和方法提出了宝贵的见解。为了确保所有团队都能达成共识，高层管理者们将变革愿景公布出来，让公司内部所有人都能看到并且积极参与进来。时机把握得刚刚好。做好必要的准备后，管理层向维持现状区做最后的告别，然后纵身跃下瀑布。

当Three版的"成果号"坠入瀑布下面的峡谷时，管理层已经帮助船员们做好了充分的准备。而当他们进入破坏区后，培训工作即刻展开。培训涉及公司上下所有层面，从与客户打交道的呼叫中心人员到管理整个分支机构或地区的高级管理人员。所有成员都要一致行动。而且，培训也让公司能够了解到整个变革过程中的各种动态以及员工对公司的期望。于是，员工始终能够了解到"为什么"和"怎么办"。

培训工作发挥了奇迹般的效力。不知不觉间，Three进入了接纳区。到了该尝试一些新事物的时候了。

在此期间，Three的高层管理者重点关注了几个主要改进点（富兰克林柯维称之为"极其重要的目标"）：（1）重新加强沟通，（2）增强团队领导者领导变革的能力，以及（3）减少呼叫中心营业额。

一项最大的变革是表彰的形式。当他们沿着接纳区的试错路径曲折前进时，他们查看的是何时、何地以及如何取得了进步。他们并没有在失败面前垂头丧气（这些在变革愿景中已经考虑到了），而是将注意力放在所取得的进步上。任何员工，只要表现出能够更好、更快地处理客户服务并获得更高的客户满意度，都会受到表彰和奖励，并且他们的最佳实践方法也会被同事采用。通过这种做法，整个客户服务部门所取得的任何成功都被成倍放大。

虽然许多事情看起来顺利而又简单，但一路上还是有很多小问题、失误和困难。然而，由于Three对变革有预期并且为此做好了准备，因此他们的创新和增长速度相对较快。

而且令人欣喜的是，除了在财务方面实现了显著进步之外，他们还赢得了君迪奖。

Three是变革模型在组织当中得到具体体现的完美实例。对于这个模型，你已经比较熟悉了。但是请记住20世纪最伟大的统计学家乔治·博克斯（George Box）所说的话："如果现实世界中存在的任何系统都可以用简单的模型精确地表示出来，那将是件非常了不起的事……对于这样的模型，没有必要去问它是否是'真理'。如果'真理'是'完全真理'，那么答案一定是'不是'。唯一有价值的问题是'这个模型是否具有启发性以及是否有用？'。"

是的，你会遇到一些罕见的例外：某个组织能够成功跨越鸿沟或者顺利登上悬崖。然而，即使有这样的异常值，我们的经验证明，变革模型既具有启发性又很有用——无论是作为地图，还是作为指南针，或两者兼而有之。而且我们相信，这样的共享框架可以在你的团队甚至组织内建立起积极的变革文化。正如富兰克林柯维的作者托德·戴维斯（Todd Davis）在他的畅销书《影响力进阶：在职场建立有效关系的15种实证实践》（*Get Better: 15 Proven Practices to Build Effective Relationships at Work*）中所言："你可能听说过这样一句格言：组织最大的资产是员工……我想在此基础上锦上添花。根据我的经验，是这些员工之间的关系……成就了组织的终极竞争优势。"

变革的一个显著好处是它为我们提供了增强你与周围人关系的机会，即使所面临的变革是意外的或者不希望发生的。拥有如此"竞争优势"的团队在进行下一次（以及再下一次）的变革时会更加胜券在握……因为变革模型永远不会结束。穿过创新区的道路最终会通往一个新的维持现状区，然后进入一个新的破坏区和独一无二的接纳区的攀登。变化的河流永远在流动，变化的瀑布是一个永恒的特征——有时是期待之中的，有时是引导过去的，但通常是意想不到的。然而，明智的领导者/船长清楚，他们领导当下变革的方式将影响下一次变革的结果——无论结果是好是坏。因此，我们希望你将这本书放在手边，并且在带领你的团队穿越变革之旅的途中时常翻阅“船长提示”的内容。我们相信，这些可以帮助你将变革所固有的破坏性和不确定性转化为新的机会，让你能够做更多设想，取得更多成绩以及成就更多的可能。

而这正是变革的意义所在。

致　谢 *Acknowledgments*

柯蒂斯·贝特曼

当你看到一本书上有作者的署名时，也许你的反应和我一样——你对此不会想太多。而当我本人成为一名初出茅庐的作家之后，我对围绕着写书和出书所形成的群体有了新的认识。在此，我要向许多参与该项目的人表达衷心的谢意。

科特·加贝特（Curt Garbett）和彼得·米勒（Peter Miller）是我曾经的商业伙伴、老朋友和多年的合作者。我们一起开发和测试了变革模型的雏形构思。

富兰克林柯维公司和本书团队。他们有着非凡的专业知识和经验。非常感谢他们给予该项目的指导和管理。感谢斯科特·米勒（Scott Miller）、安妮·奥斯瓦尔德（Annie Oswald）和扎克·克里斯滕森（Zach Kristensen）。感谢普拉特·克拉克（Platte Clark）、布莱恩·约翰逊（Brian Johnson）和他的团队——一群非常了不起的思想伙伴、作家和研究人员。一路走来，在帮助我们的过程中，普拉特重新定义了“耐心”这个词。

非常感谢我的合著者玛琪·普莱谢特、克里斯蒂·菲利普斯和安迪·辛德里奇。我们一起辩论、合作并创作了这本关于变革领导力的图书。在此过程中，书中提到的那则寓言成为传授和分享我们所学到的一些重要知识的工具。他们慷慨地允许我发挥想象，并且顺应我对这则寓言故事的激情。这则寓言是我与《谁动了我的奶酪？》(*Who Moved My Cheese?*)的作者斯宾塞·约翰逊(Spencer Johnson)博士合作近十年期间创作出来的。

最后，将我最诚挚的感谢送给我的妻子伊莲(Elaine)。在我将无数业余时间用于躲在办公室里写作、视频通话、辩论、创作以及努力将这个让我着迷了20多年的变革主题分享给大家的过程中，她从未动摇过对我的支持。

玛琪·普莱谢特

我要对斯科特·米勒表示感谢，感谢他总是能发现我的长处，并给予我机会，让我通过成为一名作者让其中的某些方面得以发挥。您的聪明才智不言而喻，而您的人品更是远胜于世人的了解。

我的合著者和图书开发团队——柯蒂斯·贝特曼、安迪·辛德里奇、克里斯蒂·菲利普斯、普拉特·克拉克和布莱恩·约翰逊——从一开始你们就让我感觉非常亲切。通过我们的多次对话与合作，我对协同作用有了更深入的理解。在此期间，每个人都受到重视，每个想法都被认真考虑。这一切汇合在一起，让我们促成了这本书的诞生，并借此帮助其他人成功应对生活中不可避免的永恒的变化！

我美丽的妈妈佐伊·汤普森(Zoie Thompson)告诉我，随着我们渐渐变老，发生在我们身上的变化同样也会发生在那些爱我们的人身上。然而每当我朗读我的作品草稿时，您给予我的赞誉却永远不会老去。您是我个人的啦啦队长和最好的朋友。

我要对富兰克林柯维的高管表达我无尽的感激之情，是他们同意我加入这个项目团队。我发自肺腑地认为，在富兰克林柯维，我是一支胜券在握的团队中一名受重视的成员，在以信任为基础的环境中做着有意义的工作。

安迪·辛德里奇

参与这个项目于我而言可以说是梦想成真。我很感谢斯科特·米勒不那么温和地激励我为这个机会做好准备，而这一切对我的职业生涯而言具有重要意义。他的那条“我的狗在领英上的关注者都比你多”的清晨短信或许是我记忆最深刻的一句话。

我很荣幸能与柯蒂斯·贝特曼、玛琪·普莱谢特和克里斯蒂·菲利普斯合作开展这个项目，也很幸运能够看到在我们每周数次的作者通话中协同作用力量的实时体现。

有三位男士将会在新书发布会上各自声称“我们根本不重要！”。但在我看来，如果没有他们的专业知识、指导和润色，我不敢肯定这本书会最终问世。他们是普拉特·克拉克、布莱恩·约翰逊和洛根·戴维斯（Logan Davis）。与他们的合作非常愉快。

感谢我们的作者教练扎克·克里斯滕森和主教练安妮·奥斯瓦尔德的耐心坚持、智慧和专业指导。

最后，感谢我美丽的妻子苏西（Suzie）。感谢她从不计较我为这本书以及为努力改变世界而付出的每一分钟。

克里斯蒂·菲利普斯

我要对托德·戴维斯表达我诚挚的谢意。我在富兰克林柯维工作第一年期间，我与戴维斯进行了首次“贡献谈话”。谈话过程中，他听说我希望有一天能为富兰克林柯维撰写文章。我当时认为这也许要等到我工作五年或十年之后。然而仅仅十个月后，由于托德的认真倾听，我的自我实现的预言便接踵而至。

感谢柯蒂斯·贝特曼、玛琪·普莱谢特和安迪·辛德里奇。感谢他们用快乐和协作欢迎我加入这个团结的创作团队。这真是上了别人的船！

感谢普拉特·克拉克、布莱恩·约翰逊和洛根·戴维斯让我几乎没有失败的可能。感谢你们的专业知识和创造力。感谢斯科特·米勒和安妮·奥斯瓦尔德邀请我成为我们所热爱的品牌的旗手。

作者简介 Author Bios

柯蒂斯·贝特曼

柯蒂斯·贝特曼是富兰克林柯维全球直属办公室副总裁，在培训行业拥有超过25年的工作经验。他对帮助处于“变革中”的组织的热情促成了行业领先的变革解决方案的共建活动。这些方案包括“变革元素”（Change Element）、“变革领导者”（Leaders@Change）、“千禧一代的管理”（Managing Millennials）、“职场中的千禧一代”（Millennials@Work）以及“变革实践者”（Change Practitioner）。

玛琪·普莱谢特

玛琪·普莱谢特是一位经验丰富的领导力教练，担任富兰克林柯维顾问已有15年之久。她是《高效能人士的七个习惯》的主题专家，并在富兰克林柯维的顾问教练团队中任职，负责监管世界级顾问的质量。她拥有大众传播学士学位，获得了国际教练联合会认证，并接受过哈德逊教练学院的培训。

安迪·辛德里奇

安迪·辛德里奇是富兰克林柯维的高级顾问，他的任务是帮助团队和个人取得成功。安迪在开发富兰克林柯维“高效执行4原则”解决方案方面发挥了关键作用。该解决方案帮助世界各地的客户取得了突破性的成果。他拥有教育领导力硕士学位、心理学和历史教学学士学位，并辅修了教练学。

克里斯蒂·菲利普斯

克里斯蒂·菲利普斯是富兰克林柯维的学习、发展和包容性业务的总监。她还担任过发展顾问、项目开发人员和人才教练。克里斯蒂拥有得克萨斯农工大学人力资源开发博士学位、商业管理硕士学位、政治学和法语学士学位。

FranklinCovey

品 牌 故 事

三十多年前，当史蒂芬·R. 柯维（Stephen R. Covey）和希鲁姆·W. 史密斯（Hyrum W. Smith）在各自领域开展研究以帮助个人和组织提升绩效时，他们都注意到一个核心问题——人的因素。专研领导力发展的柯维博士发现，志向远大的个人往往违背其渴望成功所依托的根本性原则，却期望改变环境、结果或合作伙伴，而非改变自我。专研生产力的希鲁姆先生发现，制订重要目标时，人们对实现目标所需的原则、专业知识、流程和工具所知甚少。

柯维博士和希鲁姆先生都意识到，解决问题的根源在于帮助人们改变行为模式。经过多年的测试、研究和经验积累，他们同时发现，持续性的行为变革不仅仅需要培训内容，还需要个人和组织采取全新的思维方式，掌握和实践更好的全新行为模式，直至习惯养成为止。柯维博士在其经典著作《高效能人士的七个习惯》中公布了其研究结果，该书现已成为世界上最具影响力的图书之一。在富兰克林规划系统（Franklin Planning System）的基础上，希鲁姆先生创建了一种基于结果的规划方法，该方法风靡全球，并从根本上改变了个人和组织增加生产力的方式。他们还分别创建了「柯维领导力中心」和「Franklin Quest公司」，旨在扩大其全球影响力。1997年，上述两个组织合并，由此诞生了如今的富兰克林柯维公司（FranklinCovey, NYSE: FC）。

如今，富兰克林柯维公司已成为全球值得信赖的领导力公司，帮助组织提升绩效的前沿领导者。富兰克林柯维与您合作，在影响组织持续成功的四个关键领域（领导力、个人效能、文化和业务成果）中实现大规模的行为改变。我们结合基于数十年研发的强大内容、专家顾问和讲师，以及支持和强化能够持续发生行为改变的创新技术来实现这一目标。我们独特的方法始于人类效能的永恒原则。通过与我们合作，您将为组织中每个地区、每个层级的员工提供他们所需的思维方式、技能和工具，辅导他们完成影响之旅——一次变革性的学习体验。我们提供达成突破性成果的公式——内容+人+技术——富兰克林柯维完美整合了这三个方面，帮助领导者和团队达到新的绩效水平并更好地协同工作，从而带来卓越的业务成果。

富兰克林柯维公司足迹遍布全球160多个国家，拥有超过2000名员工，超过10万个企业内部认证讲师，共同致力于同一个使命：帮助世界各地的员工和组织成就卓越。本着坚定不移的原则，基于业已验证的实践基础，我们为客户提供知识、工具、方法、培训和思维领导力。富兰克林柯维公司每年服务超过15000家客户，包括90%的财富100强公司、75%以上的财富500强公司，以及数千家中小型企业和诸多政府机构和教育机构。

富兰克林柯维公司的备受赞誉的知识体系和学习经验充分体现在一系列的培训咨询产品中，并且可以根据组织和个人的需求定制。富兰克林柯维公司拥有经验丰富的顾问和讲师团队，能够将我们的产品内容和服务定制化，以多元化的交付方式满足您的人才、文化及业务需求。

富兰克林柯维公司自1996年进入中国，目前在北京、上海、广州、深圳设有分公司。

www.franklincovey.com.cn

更多详细信息请联系我们：

北京 朝阳区光华路1号北京嘉里中心写字楼南楼24层2418&2430室
电话：(8610) 8529 6928 邮箱：marketingbj@franklincoveychina.cn

上海 黄浦区淮海中路381号上海中环广场28楼2825室
电话：(8621) 6391 5888 邮箱：marketingsh@franklincoveychina.cn

广州 天河区华夏路26号雅居乐中心31楼F08室
电话：(8620) 8558 1860 邮箱：marketinggz@franklincoveychina.cn

深圳 福田区福华三路与金田路交汇处鼎和大厦21层C02室
电话：(86755) 8337 3806 邮箱：marketingsz@franklincoveychina.cn

柯维公众号

柯维视频号

柯维+

富兰克林柯维中国数字化解决方案：

「柯维+」（Coveyplus）是富兰克林柯维中国公司从2020年开始投资开发的数字化内容和学习管理平台，面向企业客户，以音频、视频和文字的形式传播富兰克林柯维独家版权的原创精品内容，覆盖富兰克林柯维公司全系列产品内容。

「柯维+」数字化内容的交付轻盈便捷，让客户能够用有限的预算将知识普及到最大的范围，是一种借助数字技术创造的高性价比交付方式。

如果您有兴趣评估「柯维+」的适用性，请添加微信coveyplus，联系柯维数字化学习团队的专员以获得体验账号。

富兰克林柯维公司在中国提供的解决方案包括：

I. 领导力发展：

课程	标识	简介
高效能人士的七个习惯®（标准版） The 7 Habits of Highly Effective People®	THE 7 HABITS of Highly Effective People® SIGNATURE EDITION 4.0	提高个体的生产力及影响力，培养更加高效且有责任感的成年人。
高效能人士的七个习惯®（基础版） The 7 Habits of Highly Effective People® Foundations	THE 7 HABITS of Highly Effective People® FOUNDATIONS	提高整体员工效能及个人成长以走向更加成熟和高绩效表现。
高效能经理的七个习惯® The 7 Habits® for Manager	THE 7 HABITS FOR Managers ESSENTIAL SKILLS AND TOOLS FOR LEADING TEAMS	领导团队与他人一起实现可持续成果的基本技能和工具。
领导者实践七个习惯® The 7 Habits® Leader Implementation	THE 7 HABITS Leader Implementation COACHING YOUR TEAM TO HIGHER PERFORMANCE	基于七个习惯的理论工具辅导团队成员实现高绩效表现。
卓越领导4大天职™ The 4 Essential Roles of Leadership™	The 4 Essential Roles of LEADERSHIP™	卓越的领导者有意识地领导自己和团队与这些角色保持一致。
领导团队6关键™ The 6 Critical Practices for Leading a Team™	THE 6 CRIRICAL PRACTICES FOR LEADING A TEAM™	提供有效领导他人的关键角色所需的思维方式、技能和工具。
乘法领导者® Multipliers®	MULTIPLIERS® HOW THE BEST LEADERS IGNITE EVERYONE'S INTELLIGENCE	卓越的领导者需要激发每一个人的智慧以取得优秀的绩效结果。
无意识偏见™ Unconscious Bias™	UNCONSCIOUS BIAS™	帮助领导者和团队成员解决无意识偏见从而提高组织的绩效。
找到原因™：成功创新的关键 Find Out Why™: The Key to Successful Innovation	Find Out WHY™ THE KEY TO SUCCESSFUL INNOVATION	深入了解客户所期望的体验，利用这些知识来推动成功的创新。
变革管理™ Change Management™	CHANGE How to Turn Uncertainty Into Opportunity™	学习可预测的变化模式并驾驭它以便有意识地确定如何前进。

培养商业敏感度™ Building Business Acumen™		提升员工专业化，看到组织运作方式和他们如何影响最终盈利。

II. 战略共识落地：

高效执行四原则® The 4 Disciplines of Execution®		为组织和领导者提供创建高绩效文化及战略目标落地的系统。

III. 个人效能精进：

激发个人效能的五个选择® The 5 Choices to Extraordinary Productivity®		将原则与神经科学相结合，更好地管理决策力、专注力和精力。
项目管理精华™ Project Management Essentials for the Unofficial Project Manager™		项目管理协会与富兰克林柯维联合研发以成功完成每类项目。
高级商务演示® Presentation Advantage®		学习科学演讲技能以便在知识时代更好地影响和说服他人。
高级商务写作® Writing Advantage®		专业技能提高生产力，促进解决问题，减少沟通失败，建立信誉。
高级商务会议® Meeting Advantage®		高效会议促使参与者投入、负责并有助于提高人际技能和产能。

IV. 信任：

信任的速度™（经理版） Leading at the Speed of Trust™		引领团队充满活力和参与度，更有效地协作以取得可持续成果。
信任的速度®(基础版) Speed of Trust®: Foundations		建立信任是一项可学习的技能以提升沟通，创造力和参与度。

V. 顾问式销售：

帮助客户成功® Helping Clients Succeed®		运用世界顶级的思维方式和技能来完成更多的有效销售。

VI. 客户忠诚度：

引领客户忠诚度™ Leading Customer Loyalty™		学习如何自下而上地引领员工和客户成为组织的衷心推动者。

《信任的速度》

书号：9787500682875
定价：59.00元

《项目管理精华》

书号：9787515341132
定价：33.00元

《信任和激励》

书号：9787515368825
定价：59.90元

《影响力进阶》

书号：9787515370132
定价：49.90元

《领导团队6关键》

书号：9787515365916
定价：59.90元

《无意识偏见》

书号：9787515365800
定价：59.90元

《从管理混乱到领导成功》

书号：9787515360386
定价：69.00元

《富兰克林柯维销售法》

书号：9787515366388
定价：49.00元

《实践7个习惯》

书号：9787500655404
定价：59.00元

《生命中最重要的》

书号：9787500654032
定价：59.00元

《管理精要》

书号：9787515306063
定价：39.00元

《执行精要》

书号：9787515306605
定价：49.90元

《领导力精要》

书号：9787515306704
定价：39.00元

《杰出青少年的7个习惯》（精英版）

书号：9787515342672
定价：39.00元

《杰出青少年的7个习惯》（成长版）

书号：9787515335155
定价：29.00元

《杰出青少年的6个决定》（领袖版）

书号：9787515342658
定价：49.90元

《7个习惯教出优秀学生》（第2版）

书号：9787515342573
定价：39.90元

《如何管理时间》

书号：9787515344485
定价：29.80元